人物叢書

新装版

契沖《けいちゅう》

久松潜一

JN067695

日本歴史学会編集

吉川弘文館

契沖肖像（藤原漢斎筆　義剛賛）
（大阪市．円珠庵所蔵）

契沖筆跡（短冊）

古都

むかしきくなにはのみやの花さかり
あれにしのちはおきつしら浪　契沖

養寿庵図

はしがき

契沖は日本の古典学者のうちでも最も重要な一人である。中古から中世にかけて古典の研究も盛んになって来たが、一面に、中世の末期になると固定もして来た。それは戦乱の中に明けくれる暗い時代にあって学問を守り、次代にうけ渡すために必要でもあったと思われるが、歌の家にとじこもり伝授を重んずる結果、師説ならば誤りでも従うという気風になった。そこに学問が型にはまって創造性がうすれて来た。こういう機運を破って、古典そのものを科学的に扱い、自由な討究精神によって古語を明らかにしようとしたのが契沖である。

近世の黎明《れいめい》は契沖らによって開かれている。古典の注釈書を契沖以前を旧注といい、契沖からを新注というのもそのためである。しかも契沖の経歴や生活態度を見ても、加藤清正に仕えた高禄の士を祖父や伯父にもちながら、豊臣家が亡び、更に加藤家も没落してからは家庭の不如意も原因していて、少年にして出家した。二十余歳で一寺の住職になるが、その煩雑な生活に堪えかねて寺を脱《のが》れ、山村の草庵に静かに和漢の典籍を読みつつ十年を過してから再び住職となる。しかし人間的に成長した彼はその煩雑な生活のうちで古典の注釈をつづけ、古典の研究に没頭して大著を完成している。聞達《ぶんたつ》を世に求めなかったが、自然にその学問は敬重せられ、その学問の後に与えた影響は極めて大きい。

私はこのような契沖に学生時代から傾倒し、卒業論文にも契沖を扱うことになったが、たまたまそのころ『契沖全集』が出ることになったので、更に数年調査や考察をつづけて契沖伝をひとまずまとめ、全集の附巻として発表することが出来た。それからいつしか三十数年は過ぎたのである。

このたび『人物叢書』の一冊として契沖を再びまとめることになった。その後も契沖に関心を持ってその学説を扱っている。新しい資料もいくらかは出て来たがそれほど著しいものはない。それだけに容易に筆がとれなかったが漸く書きあげた。前著では経歴と学問とをわけて扱ったが、本書では経歴の叙述の中に学問の考察を織りまぜることにした。また前著では殆んどふれなかった契沖の歌風の叙述をも行なった。理解の上にも前著より一歩を進めた所もある。しかしそれも量に制約があるので概観にとどまったことが多い。年表は前著の年表を増補するとともに、著書の奥書などは省いて書き改めた。

それにしてもこの著をまとめるために久しぶりで彰考館に行き契沖関係の書物に接したのは望外の喜びであった。羽倉杉庵氏からも種々資料を提供された。また本書に収めた写真の撮影のために犬養孝氏らを煩わした。ことに東北大学附属図書館蔵の契沖書簡一通の写真をかかげ得たのは同図書館ならびに同館の原田隆吉氏の御厚情によ る所で厚く感謝する。校正には辻　英子氏の助力を得た。

なお今年は私も古稀《こき》の齢を迎えることになった。私の学問のはじめに手がけた契沖を再びとりあげてこの小著をなすに至ったのは感慨の深いものがある。

昭和三十八年七月九日

久松潜一

目次

目次

口絵

挿図

序説

契沖研究の意義

契沖は近世初期に出たすぐれた学僧であった。真言宗の僧侶としてもすぐれていたであろうが、それよりも古典研究に新風を開いた点が注目される。もとより『万葉集』を中心とする古典研究に新風を開き得たのも、そのすぐれた資質、努めてやまない研究精神に、まつ所が多いが、真言宗の僧侶として悉曇《しったん》などを学んだことが、日本語に対する新しい研究の目を開かせられたといえるであろう。であるから真言僧であったことは彼の古典研究とつながりを有するのである。

その態度

それと彼が加藤家の重臣の家柄に生れ、しかもその加藤家が徳川家の幕府の政策と相いれず改易《かいえき》されてゆくことから生ずる、家の悲運の中に人となったことが、武家に対する反骨ともなり、それが隠士《いんし》として生きる気骨を養うことにもなっている。元禄時代という花やかな時代に生れ合わせていながら、契沖には太平の逸民という明るさがなく、秋霜烈日《しゅうそうれつじつ》の感を与えるのも、そういう点から来ていると思われる。歌には恋歌もあり、人間観としては恋愛をも認めているようで、文学観としても恋愛を重んじているが、実際生活の上では恋愛の経験もなかったらしく、終世独身の清僧として清純な生涯を終っている。下河辺長流《しもこうべちょうりゅう》・微雲軒その他数少ないが、心を許しあった友があり、また弟子をも愛している点から見ても、心の暖い点はあったのである。ただ武士の出身としてのきびしさはあり、親しんでなれしめない所はあったであろう。徳川光圀（水戸義公）に対する態度にしてもそれが見られる。

私はこのような人として契沖を理解し、その生涯を彼の学問と結びつけて叙述してゆきたい。

第一　契沖の環境と少年時代

一　隠士・畸人と契沖

日本文学の作家や研究家の流れの中に隠者・隠士・畸人《きじん》といわれる系列がある。中世の隠者については隠者文学としてその性格が明らかにされているが、近世になると隠士・畸人とよばれている歌人・文人の系列がある。中世では隠者とよばれる作家が主流をなしているのであるが、近世になると庶民の文学が主になり、戯作《げさく》文学がその主流をなすので、隠者とその系列の文学はむしろ傍流にたつ感がある。しかし近世文学においてもただ傍流と見るべきではなく、主流をなす戯作文学の中にもそれが存しないのではない。西鶴にしても艶《やさ》隠者という性格を有している。しかし近世では隠者に対して隠士・畸人とよばれている場合が多い。隠士とよばれるのはかつては武士であった家柄のものが武家の封禄を離れ、現実の社会と離れて隠遁《いんとん》的な生き方をする所から名づけられたのであろうか。もとより中世の隠者にしても西行や梵燈庵《ぼんとうあん》のように武士から隠者の境涯に入ったものがあるが、同時に隠者は中世における無常観が根柢になっているようである。それに比べると近世の隠士は、徳川幕府が開かれて豊臣氏に仕えていたものが禄を離れ隠士となったものが多い。その点では仏教的無常観よりも現実的な動機が主になっている。

浪人

近世のはじめに武士の禄を離れたものの生き方として、一方に浪人がある。浪人は武家の禄を離れたが剣をすてず、剣をもって立っている。宮本武蔵や由井正雪などそれである。これに対して隠士は武を捨て文によって立っている。木下長《ちょう》嘯子《しょうし》がそれであり、戸田茂睡《もすい》・西山宗因・契沖らはそれである。もっとも茂睡は

歌人・俳人・歌学者

徳川家の方の本田家に仕えていたが父の代から不運になり、茂睡も仕を辞して隠士となった。宗因や契沖は豊臣氏の方の加藤家に仕え、家が没落して武士の禄から離れたのである。いずれにしても隠士はこのようにして生じているのである。隠士はこのように武家の禄から離れる所からなったのであるが、その生き方は俗

契　沖　肖　像（円珠庵蔵）

社会の塵にまみれず、現世においては隠遁的生活を送っている。そうして創作といっても歌人・連歌師・俳人として立ち、もしくは学問の研究に入ってゆく。この場合隠士においては創作も学問も同じ態度でなされるのである。根柢には俗世間を超越した点がある。それがまた一方で畸

人と言われる所以《ゆえん》である。伴蒿蹊《ばんこうけい》の『近世畸人《きじん》伝』はいわゆる畸人を扱っているのであるが、それは歌人も連歌師も作家も画家も含まれている。ただ俗世間を超越した生き方という点では共通している。上田秋成も池大雅もそういう畸人の中に加えられている。畸人は奇人にも通ずるがその生き方は同一ではない。しかし俗世間から超越した意味で俗人・俗物でないという点で共通している。生き方の上では孤高であり、非世間的であって俗気がない。

契沖の環境

ここにとりあげる契沖もその意味で隠士であり、畸人である。彼の祖先については ここに詳しくはのべないが、契沖の祖父下川元宜《もとよし》は加藤清正に仕えて五千石をはみ、その長子元真は一万石をはんでいる。しかし元宜の子で元真の弟である元全の時に加藤家は没落し下川家一家は禄から離れるのである。元全が生活のため青山家に二百五十石で仕えて尼ヶ崎にあったころ、契沖は生れている。元全の長子元氏は禄を求めて越後(新潟県)にいったりしているが、かつては高禄の武士であった家が禄に離れた跡の家庭の暗さは想像しても明らかである。そういう家に生れた契沖が少年にして出家したことも首肯《しゅこう》される。真言僧として高野山で修行し、やがて曼陀羅《まんだら》院の住持になるが、普通の僧侶として檀家をかかえたわずらわしい住持生活に堪えられず、寺を出奔して一時は室生山《むろおさん》に入って死のうともするが、やがて山村にこもってしまう。はじめ和泉の久井村《ひさい》（大阪府和泉市）に五年ほど住み、後に近くの万町（同上）の伏屋《ふせや》家に四年ほどおり、約十年の山村の生活の後、母を養うために再び妙法寺の住持になって約十年を過すが、母がなくなると寺をゆずって円珠庵《えんじゅあん》に隠棲《いんせい》するのである。その間を通して古典の学に励むのである。親しい友で同じく武士の境涯から離れて隠士生活を送る下河辺長流が徳川光圀に請われて『万葉集』の注釈を行なっているが病気のため業が進まないので、契沖は代って『万葉集』の注釈を行なう。その注釈を『万葉代匠記』というのは長流に代ってなした意である。契沖はその学徳を認められて光圀に仕官をすすめられるが、辞退してただ万葉注釈だけは初稿本と精撰本と二通りまで書いている。このような境涯や態度のうちに隠士・畸人としての契沖の生き方がある。

二　契沖の祖先と家族

契沖の祖父・伯父と加藤清正

契沖は僧名であるが俗世の時の名はわからない。ただ氏は下川であったことは明らかである。契沖の祖先については『下川系図』や『下川文書』等によって知られるが、更に契沖の記したものが殿村《とのむら》家蔵の上田秋成の集めた『契沖文詞』の中に見える。それによると、契沖の祖父の元宜は加藤肥後守清正につかえていたが、蕭何《しょうか》に似て理財にたけていたので秀吉の朝鮮出兵の時に元宜は熊本の城をあずかって守っていた。この元宜の子の元真はひきつづいて重臣となっている。元宜は五千石を食《は》んでいたが、元真は一万石を禄したとあるのは、父にもまさって才能があったのであろう。この元真の弟が元全といって契沖の父である。契沖の

かきそえた歌に、

　近江のや馬淵《まぶち》に出《いで》し下川の　そのすえの子はこれぞわが父

とあるから、出身は近江の馬淵（近江八幡市）であったのである。元宜・元真を経て加藤家における下川家というのは重きをなしたであろう。『寛居《かんきょ》雑纂』によると、託《た》麻《ま》郡（熊本県）田辺村に住していたのである。

　そのうち清正は慶長十六年（一六一一）に歿し、清正の子忠広の時に、徳川家の政策によって秀吉に近かった家柄は次第に食禄《しょくろく》を奪われている。関ヶ原役には石田三成に対する反感から家康についたが、元来秀吉の恩誼を重んずることの厚かった清正一族は徳川氏にとって次第に煙たいものになり、寛永九年（一六三二）五月（契沖の生れる八年前）に改易没収され、出羽（山形県）で僅かに一万石を領するようになった。それで元真も仕を辞し、後に結城の松平家に仕えることになった。封禄も明らかでないが、加藤家の時とは異なって小禄であったであろう。そうして契沖の

父下川元全

父の元全は元宜の末子であり、元真の弟である。通称を善兵衛といったが、安藤為章の『行実《ぎょうじつ》』に「為ㇾ人応ㇾ之」とあるように善良なる人物であったらしい。父に死別した後は兄に養われており、元真が松平氏に仕えた時はともに参ったかも知れない。元全も後に尼ヶ崎城主青山大蔵少輔幸真《ゆきざね》に仕えて禄二百五十石をはんだ。この青山家に仕えたころに契沖は尼ヶ崎で生れたのである。

契沖の母

契沖の母、すなわち元全の妻は細川家の家臣間《はざま》七太夫某の女であった。七太夫は細川家が小倉にあった時仕えて八百石を食《は》み「烏《う》号《ごう》之預《あずかり》」をなしたとある。元真が加藤家を退いたのは忠広改易の時であり、それから熊本を去ったので元全が結婚したのは熊本時代であったかどうか明らかでないが、契沖の生れたのが改易後八年たってからであり、契沖の兄如水《じょすい》もあることであるから、熊本を去る時元全も二十歳ほどにはなっていたであろうし、細川家に仕えた間氏の女との結婚であって見れば、改易以前の結婚であったと見たい。

時代と運命

契沖の一族が逢ったこうした運命は、この時代において多くの人々の経験した共通な運命であった。信長や秀吉の行なった覇業が忽ち破れて徳川幕府の確立した大きな時代の変遷の間に、人々によって栄枯盛衰の生じて来たのは自然である。浪人や隠士が現われるのもそのためである。

どこまでも武でしか自分を立ててゆくことの出来ないのが浪人となった。この中から宮本武蔵のような剣士も出れば由井正雪や丸橋忠弥のような武で反抗するものも出てくる。それに対して武士的な気魄《きはく》はあるが、文をもって自分の道をゆこうとするものに隠士がある。談林《だんりん》の俳諧を起した西山宗因《そういん》は同じく八代《やつしろ》の加藤家に仕え、加藤家改易の後、京都・大坂に出て連歌の点者となって生活し、やがて武士的気魄から談林の新しい俳風をおこしている。また秀吉に仕えていた伏屋《ふせや》

伏屋一安

一安(飛驒守)は秀吉の死後、恐らく大坂城落城の後、隠士になり、その子竹麿は和泉の池田家をつぎ、ついで伏屋と改めて万町に住んでいた。その子の伏屋重左

衛門重賢がついで万町に隠遁し書を多く蔵していた。後年この伏屋に、談林風を開いて功なった宗因は一夜泊って高野山の方に参っている。契沖も後年伏屋家に客たること四-五年に及んだ。いずれもその祖先が秀吉に仕えたこと、加藤清正に仕えたことが縁となっているのである。これらはかつて万町に伏屋家をたずねて得た資料からわかったことである。

こういう事例は他にも多い。下河辺長流にしても戸田茂睡にしても芭蕉にしてももともとは武士の出身である。武士にして志を得ないものが隠士となって近世の新しい文芸を創造したのである。元禄の文化は花やかな中に凛《りん》とした気魄があるのはそういう点から来ている。契沖の学問もそういう時代の運命の中から生れているのである。

ここで契沖の父母や兄弟について更に考えて見たい。『寛居雑纂』の系図によると次のようにある。

寛文四年九月十一日死
唯性清閑居士　契沖実父　俗称下川善兵衛元全
于時五十五歳

元禄三庚午年正月十三日死
慈性信尼　善兵衛元全妻契沖実母

元禄十一年十一月廿五日死
何々如水居士　俗称下川瀬兵衛元氏契沖兄
行年六十二歳

元禄十四年正月廿五日寂
阿闍梨空心契沖律師　行年六十二歳

享保二十年三月八日寂
本寿院快旭阿闍梨　肥後熊本不動院五世住契沖弟也
行年八十五歳

宝永八年四月八日死
永離院楽誉覚曳居士　俗称多羅尾平蔵光風快旭弟也

この系図によって契沖の父母の歿年も知られるのみならず、契沖の兄弟も知られる。兄の如水は契沖より三年前になくなっている。弟の快旭は熊本に僧侶として終世を送ったことがわかり、その弟の多羅尾平蔵は俗人として生涯を過したようである。ただ契沖の兄弟はこの外にも四人あって、その中二人は早世している。後年契沖が住持になった妙法寺の過去帳二十三日の条に、

妙寿信尼　享保四亥七月、沖公妹　岡田茂左衛門母

とあるのによって妹の一人が知られる。今一人はわからないが、『漫吟集』巻十

二に、

如水がわづらひける時烏犀円《うさいえん》然るべしと人の教へければ、水戸宰相殿の御内《みうち》なる人まで求めて用ひけれど、そのしるしも見えざりけるを、如水身まかりて後、其残れるを伊勢の亀山に在る弟がもとに病める人あれば、それにもよしと聞てつかはせるに、かしこに年おいたる人の、なかば身のかなはぬ病わづらひいだせるに、此薬をこなたかなたもとめかねけるに、聞つけてこれをあたへつれば、おほかたよろしくなりぬるよしいひおこせるをきゝて

いく薬もとめしことは甲斐なくて　人のためにもなりにけるかな

とあるのを見ると、伊勢の亀山に弟があったことがわかる。この弟はあるいは多羅尾平蔵であるかも知れないが、もし別人とすれば早世した二人をのぞいた六人のことはわかることになる。この文は契沖が終世兄弟らのことを思い世話をしたこともわかり、そこに温情のある人格をも見ることが出来る。

下川元氏

そうして兄弟のうち、兄元氏だけは父の跡をついで、武人として立ったのである。元氏は松平大和守直矩《なおのり》に仕えた。『漫吟集』巻十二によると、松平家は越後国村上にあり、そのころから元氏は仕えていたので、のち松平家が播磨国飾磨郡の城主になってからも心安く元氏を用いたらしい。同じく『漫吟集』巻十二に、

　みちのくに白川の領主うせたまひぬと聞て（松平大和守直矩）

とあるから、更に白川に転じそこで直矩は歿したと見られる。元氏は直矩が播磨国から白川に移されるころに仕を辞したと見られる。それからは契沖の寺の近くにいて契沖の書写の手伝いをしたりしている。やはり不遇な一生であったのである。父の亡くなったのは「こしの国にて身まかりける時」と『漫吟集』にもあって越後の村上であったらしいが、その時は元氏が村上で仕えていた時であった。契沖の伯父の元真は高禄であっただけに、しばらくは浪人していたらしいが、後に結城《ゆうき》の松平家に仕えた。上田万年博士の調査によると、代々結城に下川又左衛

門と名乗る人が住んでいたとのことである。
それにしても契沖の兄弟が二人まで出家しているのも、禄を離れた武士の家のみじめさを語っている。快旭は熊本の不動院の住持をしていてその墓は代々の住持の中に交って今もある。一時失われたことがあって私が大正の末に参って探した時は見られなかったが、その後再び見出された。その他の兄弟の跡はわからない。

少年時代の契沖

三　少年時代

契沖はこのような父母を有し、家柄の中に生れたが、不遇な境涯にあって生活も豊かであったとはいえない。安藤為章の『行実』などによると、五歳の時母の教えた百人一首を諳記し、また父が『実語教』を教えた時もこれを諳記したという。契沖が早くから頭脳の明敏であったことは明らかであろう。更に『行実』によると、七歳の時大患にかかって医師の力も及ばなかった時、天満天神の号を密かに書いて、毎日百遍唱えて三七日に及んで天神が夢に現われて、「吾是菅神、憐二汝至誠一、除病延命、他日為《なれ》レ僧《と》」といわれたが、それから夢醒めて後、病が癒えたので、契沖は夢の告を父母に知らせて出家を請うた。はじめは許されなかったが、契沖は肉食をさけてひたすら宗教の道に専念した。その切なる願いによって出家の請を許されたという。また病をいやすために高祖弘法大師に帰命《きみよう》して一百万礼を作《な》したが十年で畢《おわ》ったと伝える。これらは偉人伝説のしばしば伝える所で、どこまで信ずべきか明らかでないが、父母の信仰の念の厚いことが、契沖にも幼い時から信仰的なものを感じさせたかも知れない。また武士の家柄に生れて主家改易という事件にあい、晴れやかでない家庭のため自ら出家を志すようになったのかも知れない。

第二　修行時代(一)

一　契沖の出家

妙法寺の丰定の弟子になる

　契沖が尼ヶ崎にあった父母の家を離れて大坂の今里の妙法寺に入ったのは十一歳の時であった。当時の住職は丰定《かいじょう》（手定とあるは誤り）であり、契沖は丰定について仏教の修行に入ったのであるが、聡明《そうめい》な

妙法寺本堂

彼は経典を縦横に諳誦したであろう。丰定が『般若心経』を教えたが四-五度読んでこれを諳《そら》んじたという点もそのすぐれた記憶力を語っている。後年契沖が和歌の注釈に従っていたころ、人が歌をどれほど諳誦していられるかを尋ねた時、三千首以上は知らずと答えたという点と合わせて、契沖が記憶力の上ですぐれていたことがわかる。彼は記憶力においてのみならず理解力もあり、また人間としても誠実で師を敬愛したであろう。丰定はその後も長く契沖に目をかけており、後に曼陀羅院の住持になったのもこの丰定の言に従ったのである。丰定は元和八年から延宝六年まで妙法寺の住持をしており曼陀羅院をも兼摂《けんせつ》している。妙法寺は今も大阪にあり、真言宗の寺であるが、修行を進めてゆくには高野山で行なわねばならない。契沖も妙法寺に在ったのは十三歳まででであり、十三歳薙髪《ていはつ》するとともに高野山に修行のため送られたのである。

妙法寺にあったころの契沖についてては余り知られていないのは当然であるが、

契沖は真言宗の本山高野山にゆくことを喜び、大きな期待をもって上ったであろう。高野山は大坂に近いが、当時のことであり、苦心して高野山にたどりついたであろう。契沖がどの道を通って高野山についたかは明らかでないが、十三歳の少年であるから𢀓定が伴なって高野山に上ったことと思われる。宇田川文海は十八歳（或いは十七歳）といっているが、為章の『行実』に従って十三歳としておきたい。

二　高野時代の契沖

高野にゆく

契沖は十三歳（一六五二）の時高野山に上り、それから十年、真言宗の僧侶として修行した。寛文二年二十三歳で生玉《いくたま》の曼陀羅院の住職となるまでである。この間契沖はどのような修行生活をしたであろうか。それは後年契沖の書いたものや、契沖周囲の人々の書いたものによって知られるが、高野山にある資料によってそれをかためてゆく外ない。

高野山における契沖の周囲の人々

この高野時代のことは、高野で契沖の知り、親しくしていた義剛《ぎごう》の『録契沖師遺事』が確実な資料の一つと思われるが、それに、

快賢

冠歳、受㆓南山《の》東寶快賢《に》密灌《を》㆒。及《び》㆔賢之還㆓住《するに》補陀洛《ふだらくに》㆒、又従《いて》得《たり》㆓阿闍梨位《を》㆒。時《に》年二十四矣。

とある。東寶は東室院と同様であろう。今は存しない。補陀洛院もその後、南院に合併せられた。この快賢についても従来伝が明らかでなかったが、大正十五年の三月と八月とに高野山に上って金剛峯寺に蔵する『折負輯《せっぷしゅう》』十冊を調べてほぼわかった。快賢のみならず契沖が高野山にいる間に親しく交わり、山を下りてからも親しく接した義剛や微雲軒その他のことも明らかになった点が多い。

『折負輯』

ただ快賢という名は『折負輯』によると数人あるが、持明院の条にある『智徳院過去帳』の持明院室下の所に、

真賢

阿闍梨快賢　元禄四《八歟》亥年八月三日入滅

とあるのは年代からいっても契沖の師事した快賢である。四と書いてわきに八歟《か》とあるのは、他の資料によって改めたのであろう。これによってその歿年もほぼ明らかになる。またこのつぎに、

本尊阿弥陀如来貞享三丙寅持明院室下相定（下略）

とあるのが快賢のことであるとすれば、貞享三年に持明院に住したであろう。契沖が師事してから補陀洛院に移ったのである。また阿闍梨真賢の伝を記した所に、

俗姓島岡氏、世々家《し》二大和初瀬《に》一、受二業《を》於舅氏《きゅうし》東室院快賢一。稍《やや》有二出藍《しゅつらんの》美一。浄厳・蓮体之輩友善《としし》。

とある。これで見ると、真賢も快賢について学んでおり、その真賢と浄厳・蓮体とが友人として親しかったのである。浄厳・蓮体は契沖とも親しい間柄であるから、快賢を師としてこれらが互いに結ばれたと見られる。親王院に蔵される『魚《ぎょ》

義剛

山《さん》私鈔略解《りゃくげ》』四冊という音楽のことを記した書の表紙に「快賢　今者本初」とある。快賢から本初に伝わったのであり、本初は音楽に詳しく著書も伝わっているが、快賢もこの方面に関心を有していたのである。また仏学のみならず神道や和学にも通じていたらしいが、こういう快賢について学んだことが契沖をして、和学にも関心をもたせる原因になったのかも知れない。

また義剛は契沖が終世親しくして歌の贈答をも行なっていることは『漫吟集』にも見えるが、契沖の死後に『義剛録事』に契沖の伝を書いている。この義剛も『折負輯』に見えているが、それによると、依順ともいい、泉南木ノ島の人で、河崎氏に生れた。十三歳の時薙髪し、業を真賢に受けた。江戸の霊雲寺にあったこと七年であり、内外《ないげ》典《てん》を渉猟《しょうりょう》し、もっとも詩・文章を能くした。契沖・龍鑁《りゅうばん》と親しかった。元禄十年、真賢の命によって本院（補陀洛院）に住し、正徳五年三月十一日に寂した。著述も少なくない。遺篇も二十余巻あるとする。親王院にも義剛の自筆稿本の『三教指帰刪補《さんぽ》私考』十一冊がある。第一冊の奥に「元禄四年六月廿三日書ㇾ之」とあり、各巻終りにそれぞれ識語《しきご》がある。第十一冊の奥には「辛未《しんび》孟冬《もうとう》十日絶筆」とあり、終りに「元禄六年季夏上浣《じょうかん》重《ねて》書ス」とある跋《ばつ》がある。真言宗の方面の研究に没頭していた学僧であり、和歌もよんで契沖と趣味もあったと見られる。またその伝の中にある龍鑁《りゅうばん》は、同じく契沖と長く交わっていた微雲軒のことである。

微雲軒（龍鑁）

微雲軒に対して契沖から贈った書状七通も高野山清浄心院に蔵せられている。その書状を見ると「余材抄五巻請取申候。末五巻は校本ニ去方へ遣候。今二、三巻校合残候。返り候節五巻一所に可ㇾ懸二御目一候」のように契沖の著書を見せたり、『源氏物語』に関する質問に答えたり、また互いの持病の事をいたわりあい、今井似閑《じかん》の近況を知らせるなどその交情はまことに密なるものがあり、また歌学や歌の方面にも相当深かったように思われる。『漫吟集』にも贈答歌がある。「微雲

軒より」として、

君が住宿《む》のあたりを津国《の》の　難波の春も尋《ね》てやたつ

とあり、「かへし」として、

蘆垣《あしがき》も難波の春は隔てねど　梅にぞかよふ人は通はず

とある。この歌は契沖が高野山を下って曼陀羅院住持をしたころの作と思われる。書簡は晩年のものが多く、高野時代の微雲軒はほとんどわからなかったが、『折負輯』にある龍鑁の伝によってその経歴も明らかになる。『契沖伝』では全文をのせたが、ここでは要点をあげて見る。

法諱《ほうき》が龍鑁で字《あざな》は慈海房といい、自ら微雲軒と号した。紀州伊都郡加勢田村の産であった。俗姓は片山氏である。童稚《どうち》で高野山に登り、智荘厳院政印阿闍梨《あじゃり》に随って薙染《ていせん》した。書を読み教を学んで怠らず、長じて議論を善くした。兼ねて和歌を習った。『瑜伽《ゆが》秘記』を南院覚意に禀《う》けた。寛文九年（一六六九）、快然阿闍梨のすすめによって大光明院に住持した。この年は契沖は三十歳で和泉の久井村（大阪府和泉市）にいるころである。義解日に進み声価ますます高かった。外には学徒を教誘し、内には常に阿字を観ず」とある。新別処、円通寺の傍らに一草盧《そうろ》を結んで時々そこに行って静座修禅した。微雲軒は大光明院が旧俸十八石であったのをその住持たる時二十一石としたともあり、そういう才能もあったと見られる。享保九年（一七二四）春疾《やまい》あり、三月三日に七十八歳で歿したとあるから、義剛とともに契沖の死後もながらえていたのである。契沖が六十二歳で歿した元禄十四年（一七〇一）は五十五歳であり、契沖より七歳若年《じゃくねん》である。契沖が高野山に登った時は六歳であり、高野山を下った時十六歳である。稚《ち》にして高野山に登るとあるから契沖の高野山にいる間に登ったであろうが、親交を得るに至ったのはあるいは二度目に高野山に登った時かも知れない。歌を学ぶとあるのは契沖に学んだのかも知れない。この微雲軒については義剛も『微雲軒記』を書いてその高節をたたえている。

浄厳

この三人の外に浄厳も快賢に学んだ真賢と親しかったとあるから快賢の周囲の一人であり、その関係で契沖も親しくなったであろう。この浄厳は安浄寺流の血脈に、良意―浄厳―蓮体とある。この浄厳は後に湯島(東京都文京区)の霊厳寺に長くいたことがあり、契沖も『儀軌』その他教えを受けている。学問の上で益友であったようである。

契沖の人間形成

このようにして契沖は十年の間ひたすら仏教を学ぶとともに、人間としてもきたえられたのであろう。高野は契沖の人間形成の上に役だつ所が多かったが、それには師の快賢はいうに及ばず、義剛・微雲軒・浄厳という人々との交友も契沖の人間を深める上に役だったであろう。これらの人々とは高野山においてだけでなく、終世の友となっているのを見ても明らかである。

高野山にいた間に歌を学んだかどうかは十分にたしかめるてだてもないが、十七歳から歌をよむという義剛の『録契沖師遺事』の記述を信ずるより外ない。義剛もそのころ高野山にいたと思われるが、「師年十七始詠㆓倭歌㆒」といっているのである。ただ『漫吟集』をよんでいっても、この十年間の高野時代によんだと決められる歌はない。このころは仏典の研究が主で『万葉集』等をよむには至らなかったのであろう。あるいは『古今集』もしくは堂上派の歌をよんでその歌風に従ったのかも知れない。契沖が後に『万葉集』を研究するに至っても、万葉風の歌をよまなかったのはこのころ堂上風の歌をよんだためかも知れない。

第三　住持時代(一)

一　曼陀羅院の生活

曼陀羅院住持となる

契沖は二十四の時、阿闍梨位を得たとあるが、その前年寛文二年(一六六二)に山を下って大坂の曼陀羅院の住持になっている。それには丰定《かいじょう》のすすめがあったであろう。丰定は今里の妙法寺に契沖の母や兄の墓とならんでたっている墓によると延宝八年(一六八〇)に歿しており、また『妙

持　明　院

法寺記』によると元和八年（一六二二）から延宝六年まで妙法寺の住持となっていた。一方曼陀羅院をも兼摂していた。それで自分の兼摂をといて契沖を推薦したのである。契沖としては寺の住持になることは望まなかったであろうが、師命により曼陀羅院の住持になったのである。しかし契沖は住持たること数年にして退いている。退くというよりも寺から姿を消しているようである。契沖が寺を出るについては義剛の『録遺事』に、

既《にして》而厭《い》三其隣《するを》二城市《に》一、題《し》三倭歌一首《を》於《に》二壁間一、以《て》寓《す》二芸志《を》一。一笠《りゅう》一鉢《ぱつ》、随意周遊《す》。

とあるのは恐らく契沖の心情を表わしているであろう。しかし、篤実な契沖が師命により住持となったのを、すてて去るには余程の事情があったであろう。学問に深い愛着を有する契沖が寺務を喜ばず、それがまた檀家の間に芳《かん》ばしくなかったこともあったかも知れない。小寺ではあっても住持としてそれだけの責任がある。それを忽諸《ゆるがせ》にすればまた二十三―四歳の若き住持に風当りも強かったかも知

れない。契沖が寺を出たのはよくよくのことがあったであろう。

曼陀羅院時代にはまだ国文の古典についての造詣《ぞうけい》は深くなかったであろうが、歌は多くよんでいる。高野山ですでに歌をよんだ契沖は曼陀羅院時代さかんに歌をよんでいる。心の憂悶を慰める意味もあったであろう。それにこのころは高野の学僧らの外に下河辺長流という親友を得ている。

下河辺長流

長流は大和(奈良県)の竜田に生れ、父は小崎氏といったが、『契沖事跡考』の長流伝によれば、母の姓を冒《おか》して下河辺を名のり、彦六具平《ともひら》と称した。従来の伝では生地は宇陀《うだ》といわれていたが、

遂にわが着てもかへらぬ唐錦　立田や何の故里《ふるさと》の山

の歌などによっても竜田であったことはわかる。森銑三《せんぞう》氏の長流伝(『近世文芸史研究』所収)によると、京都の堂上家にその家に蔵する古典の注釈をうつすために仕えたとある。武士を志して東国へいったのと対蹠《たいしょ》的な話であるが、歌を愛した長流としてはあ

り得べきことである。貞享三年（一六八六）に、六十三歳で死んだとすると、寛永元年（一六二四）に生れたことになり、契沖よりも十六歳上であった。長流の歌集『晩花和歌集』に「四十になりて侍《はべ》りけるとしよみける」とある歌によると、

おひらくの、父が齢《よはひ》の七十路《ななそぢ》の、ふけゆく秋の風をいたみ、仮りに打伏し敷《しき》妙《たへ》の枕あがらず見るまゝの、夢としなりて朝雲に、たなびき行けば……とりつゞき、あやしかりしは身の上に、何の報《むくひ》のあたご山、もぎその枝のほろ〱と、もろき命をおとしけん、我が同胞《はらから》の果敢《はか》なさを、何にたとへむしらなみの、跡なきふねかおほぞらに、めわたる鳥か夕かげに、かげろふ虫か時のまに、皆きえうせてゆくかたも、みえずしなれば世の中の、うきもつらきもわびしきも、我身ひとつとなりにけり。なほ陰たのむはゝそ山、千世もと仰ぎてつかへしも、かゝる歎きのつもりこし、齢の末のたつか杖、扶《たす》くとすれどなほ弱き、玉の緒絶えて（下略）、

下河辺長流肖像（森　繁夫氏蔵）

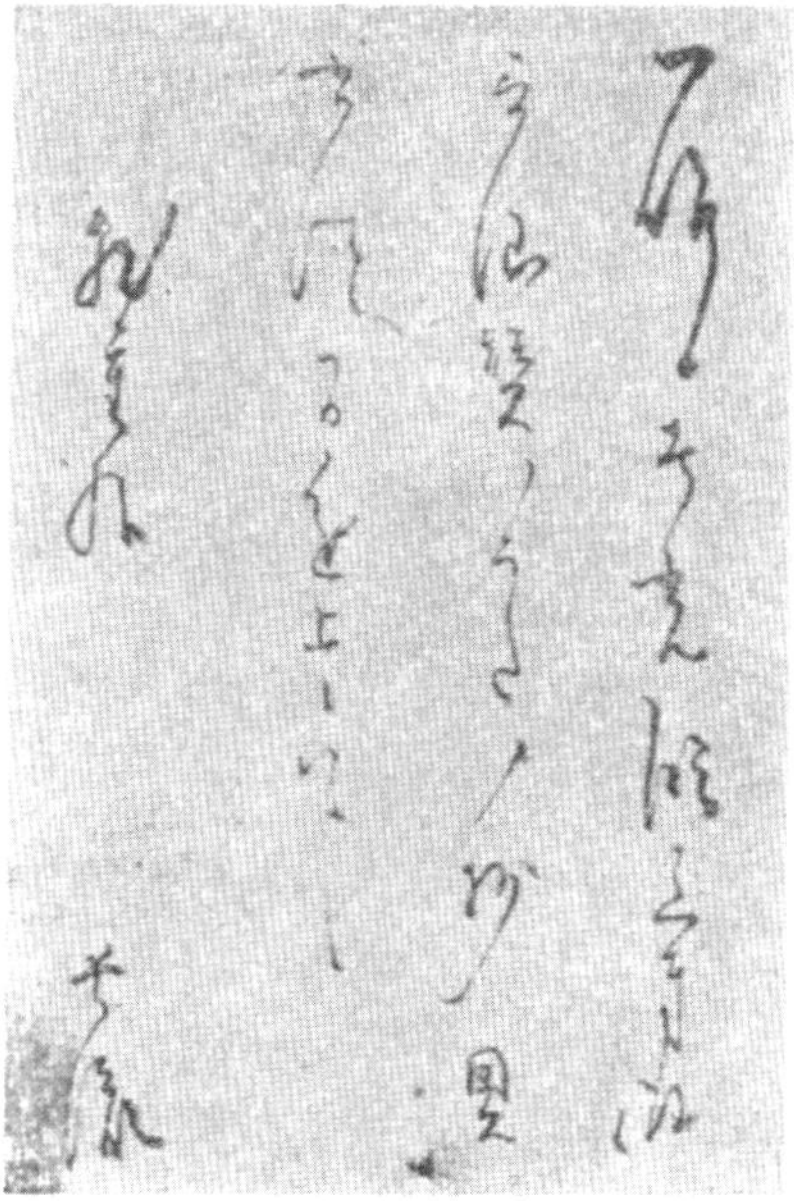

下河辺長流自筆書翰（安井　正氏蔵）

一昨日者光臨忝奉レ存候。
哥仙賛ノうたノ抄奥
書仕候間進上候。以上。
長流
龍重様

とあって、彼が四十以前に父は七十で死に、兄弟も跡を追って死に、またたよりにした母もやがて失《う》せて、ただ一人生き残ったことが知られる。彼が武門の出であったことは推して知られるし、長流というのも木下長嘯子《ちょうしょうし》（勝俊）を慕い、その長を自らの名にもつけたとも見られて宇田川文海氏の言のように、その一族であるかも知れない。それで任を求めても太平の世にそれも得られず、終《つい》には隠士の境涯に生きたのであろう。

『事蹟考』の長流伝には「自二中年一退《いて》隠《かくる》二于野田郷《に》一」とあるが、三十を過ぎてのころであろう。契沖が長流を知ったのは曼陀羅院の住持になってからであろう。

契沖と長流との唱和

契沖のいる曼陀羅院へ長流もたびたびきてともに庭の桜を賞美したこともあった。長流との贈答歌は『漫吟集』にも見えているが、『和歌唱和集』には二人の唱和の歌を集めている。

難波に住《すみ》けるとき坊のさくら見に人々来りて暮ぬればかへらんとするに

よみていだしける　　　契沖

とめとめず庭のさくらにまかせしを　夕日にまさる花を見捨てそ

かへし　　　長流

とくと見てけふはたはれし花の紐　ゆふべときけばなれしとぞおもふ

もそれである（『和歌唱和集』）。

或人其花を長流とともなひて見にまうで来て、日ひとひ物がたりし歌よみなどして其後ほどなく、かれは東にくだり、我もその卯月より山里に住けるを、又のとしの春かなたの花を見るにつけても、有つる木のもとを思ひ出てなど長流がもとへせうそこにいひおこせけるよし聞て、たよりにつけてよみてやる

あるじだに外にかくれて今は見ず　こぞのこてふの花の上《へ》の夢

（『漫吟集』巻十七）

この歌は契沖が和泉の山村にこもってからの歌であるが、これによると契沖が曼陀羅院を去った後に、長流も東へ下ったことが見える。長流は立身をもとめて東へ下ったことはその伝にも見えているが、それは隠士として大坂に住んだ以前であったと思われる。そうするとここで東へ下ったのは二度目の東下であろうか。もしそうとすれば二度目の東下は徳川光圀から『万葉集』の注釈を託されたことと関係があるかも知れない。

住持生活への不満

そうして契沖は寺を出る時に長流に次の歌を残している。

むかし難波にありて住ける坊をうづきのはじめに出《づ》とて長流にのこしたる歌

繁りそふ草にも木にも思ひ出よ　唯我のみぞ宿かれにける
郭公《ほととぎす》難波の杜《もり》のしのび音《ね》を　いかなるかたに鳴きかつくさん

この歌を見ると、長流だけにはすべてを打明けているようである。この歌につ

いては、

たよりにつけておこせたるかへし　　長流

として、

出《いで》て行あるじよいかに草も木も　宿はかれじと繁る折しも

語るだにあかずあるじをこと問ぬ　草木をそれといかにむかはん

と詠み送っている。長流と契沖とはここに深く結ばれている。と同時に契沖もただ理性一方の人物でなく、多感多情の人格であったことを思わせる。花も散った卯月《うづき》のはじめに寺を出たのも象徴的な感がする。

二　住持生活への訣別

父元全の死

曼陀羅院時代に逢った契沖の悲しみは父の死であった。父元全は長子元氏と同じく北越の村上にあった。はじめ元全が仕えたが、後に元氏に譲ったのか、歿することろは父は禄を離れて元氏のもとに寄食していたらしい。寛文四年九月であるから契沖が曼陀羅院住持となった翌年二十四歳の時である。不遇に死した父を思って契沖は暗然としたであろう。

父がこしの国にて身まかりける時

帰る時こゆべき人のいかにして　此世の外に道はかへけん

その時はゝがもとにまかりてよめる

あらがねのつちをぞ頼む久方の　天とは我をたれかおほはん

母はその時、父とともにあったのではないようである。難波にいて、契沖の近くに住んでいたであろうか。いずれにしても父が歿して一層世のはかなさを感じたことであろう。その上曼陀羅院住持としての生活に種々起ってくる憂事に、若き契沖の心はきずつけられることが多かった。

はやう難波にありて読るうたの中に

山里ににたる我宿かくてだに　住べき物とうくも有かな

住わびぬ物の寂しき古郷《ふるさと》に　世の憂事は猶きこえつゝ

この歌を見ると、難波の市井《しせい》にある寺を山里ににたる我宿といい、物の寂しき古郷といっているのはその孤独な生活、信頼すべき人もいない寂びしさをうたったのであろう。二十三―四歳の若き契沖には若きが故の風当りも強く、住むに堪えなかったのであろう。それについで、

いづかたの山にまでとかことづてむ　夕べの雲のかへるつかひに

世のうさも忍べばしのぶ心にて　すまば山にもなど住ざらん

とあるのは、この曼陀羅院時代の歌と見られるが、ここには荒涼とした心情が感じられる。山里とあるのは和泉の山村をさしたようにも見られるが、しかし「はやう難波にありて」とある点から見ても、そのやり所のないような心境から見てもこの時代の歌と見たい。そうすると「すまば山にもなど住ざらん」は高野山を

さすことになる。高野山も契沖にとっては住みよい所ではなかった。それにもまして曼陀羅院の生活は苦しく憂《う》きものであったであろう。

このようにして契沖は、数年を経て寺を出る決心をしたのであろう。

契沖、寺を去る

契沖が曼陀羅院を出たのは卯月のはじめであることは歌の詞書《ことばがき》にも見える所である。それはいつの年の卯月かはっきりしない。それから卯月のはじめに出てから、和泉久井に住むようになるまで、どれほどの日数がたったかも明瞭でないが、久井に住むようになったのも卯月とあるから、この間はそれほど立っていないと見るべきである。「我もその卯月より山里に住けるを」とあるから、卯月から久井に住んだことになる。曼陀羅院を卯月のはじめに出て、その卯月に久井に至ったとすればその間はそれほど長い間ではなかったことになる。ともあれ契沖は寺を出ることを決心するまでには数年はたっている。

契沖が寺を出ようとする決心をかためるまでの心的葛藤《かっとう》は『漫吟集』の中に幾

多の作品となっている。

はやう難波にありける時すみける坊を出《いで》んとおもひたちけるはる
琴のねにけふは聞ゆる鶯も　あすや隣の笛にまがはん

という歌にもなっている。「おもひたちけるはる」というのは卯月に寺を出た年の春であろう。そうすれば決心をかためたのはその年の春になってからであるといえる。

第四 修行時代(二)

一 室生から再び高野へ

室生に至る

契沖は曼陀羅院を去った後、各地を周遊したのは、数年間とじこめられた生活から自由を求めて自然の中を歩いたのであろうか。為章の『行実』によると、

一笠《りゅう》一鉢随《って》レ意《に》周遊《し》、詣《いたり》二和州《の》長谷寺《に》一、絶食念誦一七日、登《り》二室生《むろお》山《ざんに》一、薫修《くんじゅ》精練三七日、吉野・葛城已下、凡山川霊異者《なるもの》無レ不《ざるは》二躋攀《せいはんせ》一。

とあるのはその足跡を示している。ただ卯月に寺を出て、卯月に久井にこもったとすれば、この記述は多少誇張があるであろう。それらの中で室生山については僧義剛の『録契沖遺事』の中に、

室　生　寺

室 生 寺 背 景

室生山《の》南《に》有二一巌窟一。師愛《し》二其幽絶《を》一、以為《なし》レ堪《うと》レ捨《つるに》二形骸《を》一、乃《すなわち》以レ首触《れ》レ石《に》、脳且塗《まみる》レ地《に》。無《し》レ由《よし》二命終《めいしゅうに》一、不レ得レ已《やむを》而去《してる》。

とある。為章は後年の交わりであるから、若き日の契沖の記載には疑わしい点はあるであろうが、義剛は高野山以来の親友として十分信ずべきであろう。契沖は現世の憂悶と自然の幽絶とにはさまれて、死を思ったであろう。この室生でよんだ歌は『漫吟集』巻十三に、

むろふといふ山寺にまうでこもりゐける時

旅にして今日も暮れぬと聞くもうし　室生の寺の入相《いりあひ》の鐘

たれかまた後も籠りて独り見む　室生の山の有明の月

とあるが、いずれも感動の深い歌である。生か死かの岐路《きろ》にたった契沖に、室生の自然は終《つい》に生を決心せしめたであろう。室生の寺の入相の鐘、室生の山の有明の月は、死より生への道を開いたといえる。室生から更に諸所を歩いて再び高野

に上るまでの行程はそれ以上わからない。『漫吟集』を見てもこの二首のほかはそれと思われる歌はない。『行実』では吉野・葛城を跋渉して高野に至るとあるが、これもどの程度に歩いたものか。

再び高野山

高野に上って契沖は菩薩戒を円通寺の快円比《び》丘《く》にうけたとある。この快円について『折負輯』の円通寺の条によると、

快円

第三代慧空快円房は阿州徳島印南氏の産なり。十一歳国の願成寺《がんじょうじ》において師宥慶《ゆうけい》髪を落す。十九歳山に登り衆に交はる。多聞院皓貫《こうかん》に随つて教を学び相伝へ、安流を南院良意に受く。万治乙亥《いつがいの》年、別処に入り沙弥《しゃみ》戒《かい》を受く。万治三年二月七日辰《たつ》の時、進具別所を継ぐ。後に泉州家原寺久蔵院茨意の請に依り、寛文年中、大島山神鳳寺を再興し四方僧坊と為す。又正福寺を再興し尼寺と為す。住吉の地蔵院を再興し住む所の坊と為す。真別所を以て弟子比丘遍如《へんにょ》寂照房に附属せしむ。然れども年ならずして早世す。之に依つて快円再

び住む。後弟子比丘法雲に附属せしめ畢《おはんぬ》。具《くは》しくは別伝に在り。

とある。これによると契沖が登った寛文五―六年のころには高野にいたであろうが、和泉や摂津あたりの寺に住持していたといえる。宇田川文海氏は京都の智積《ちしやく》院《いん》の和尚運敞《うんしよう》の弟子の快円は同一人かとし、『近世叢語』に出ている快円をも挙げているが、これは出生が肥前平戸（長崎県）であり、同人とは見られない。円通寺の近くに微雲軒も住していたので、最初の十年に微雲軒に接したとすれば、この時旧交を暖めたのである。

ただ再度の高野山は短時日に過ぎなかった。それは卯月の末には和泉の久井に参っていることでも明らかである。それに曼陀羅院を出た事情から見ても、高野山に落ちついて止まる心持はなかったであろう。しかし、久井にいったのははじめからの計画ではなく、高野山で逢った真言宗に信心のあつい久井村の辻森吉行に逢って、そのすすめによってであるから、辻森吉行に逢わなかったら、高野山に止まって再び修行をつづけたとも見られる。ただこのころ契沖は高野山に対してそれほど尊信の念をいだいていたとは見られない。世の混濁を知った契沖は高野山についても純粋でない方面を見ていたようである。『漫吟集』には高野を非難している歌が見える。

高野山への反省と批判

高野の山にすめる僧にあひて物がたりなどしけるに、山にすめるおほくは驕慢の心山にひとしくてなどなげくをきゝて

住む人はいかにあふがん出《いで》てこそ　高野の山を高しとは見め

とあるのはその一つであるが、この歌の題詞は殿村《とのむら》家蔵の自筆稿本にのみあるものであって、自筆稿本にも墨で消してあるが、流布版本には「題不知」とある。契沖も多少憚る気持で消したのであろうか。

高野にて罪ある僧のかんがへられけるよしをきゝて

かくれては世をも罪をものがれけん　高野も今は山のかひなし

山にすむ僧のもとへよみてつかはしける

山にても猶うき時は遠からぬ　みだの御国に早も行かなん

を見てもそういう高野山に対する考えが見られる。また「高野の僧義剛によみておくりける歌」は何時ごろかはっきりしないが、高野山に対する不信が見られる。

高野山嶺にすむ人心せよ　月をぞおふぐ雲はあふがず

高野山木の葉の上に雪降りて　むかしの道やいくつへだてし

高野山おくの杉むらなほ〳〵に　むかしは法《のり》をつたへしものを

谷颪《おろし》に木の葉散るとも高野山　むかしの風を人なおとしそ

宇田川氏は「阿闍梨は高野山に住むべく再度登山して見たが、案外にもその腐敗の気に打たれて、去って人間に帰ったものである。」(『契沖阿闍梨』)とあるが、腐敗を感じたのはこれらの歌によってもわかる。ただ再度登ってそのことを知ったかどうかは疑問である。もとより、

高野山法《のり》の光ぞまだ消えぬ　おくのみむろの千々《ちぢ》の燈火《ともしび》

とあるように、そこに弘法大師以来の法燈の消えないでいる点をも認めている。いずれにしても高野山は契沖の修行の場であり、人間形成の場であったのである。

二　和泉山村時代

和泉久井の生活

契沖は高野を出て和泉の久井村の辻森吉行の家に滞留することになった。ここに来たのは宇田川文海が明らかにしたように、辻森家はのちに辻井家と改めた。それは屋敷の井水清くして香気があったので、そこにいた契沖がこれを深く愛した。そこで辻井氏と改めたとある。代々真言宗の信者で高野山を始め所々の神社仏閣に奉納寄進した。その関係から契沖を迎えたとある。家の傍らの春木川の辺りに小庵を作り、そこに住んだのである。契沖は曼陀羅院にあったころから山村

の生活を思いえがいたことは『漫吟集』の中に「はやう難波にありて読るうたの中に」として、

山里ににたる我宿かくてだに　住べき物とうくも有かな

山里に独《ひとり》ながめむ淋しさを　かねてぞならふ庭の松風

いづかたの山にまでとかことづてむ　夕《ゆふべ》の雲のかへるつかひに

世のうさも忍べばしのぶ心にて　すまば山にもなど住ざらん

などの歌を見ても察せられる。市井《しせい》の寺にいて山里を思う心が和泉の山村の生活になったであろう。これは契沖の心に隠士としての心境が早くあったことを示している。現実の生活から退いて隠遁生活の中に自己を形成し深めてゆくのである。

そうして『行実』には、

錫《しやく》を泉州久井里に掛く。山水幽奇《ゆうき》を愛し、居ること数歳なり。三蔵を護り悉《しつ》曇《たん》に通ず、旁《かたは》ら諸宗章疏を窺《うかが》ひ、十三経に至る。史・漢・文選・白氏文集、跋渉せざる無し。名蹟稍《や》や顕《あらは》れ従う客日に多し。

とある。久井村の山水もすぐれていたが、それにもまして辻森家の書庫には漢籍・仏典が多く、それを渉猟《しょうりょう》するに年月が立った。その学の深さはこの時すでに、知られるに至ったのであろう。この時悉曇《しったん》にも通ずるに至ったのである。悉曇は高野にあったころ、浄厳に学んだとも見られるが、ここでも研鑽したのであろう。

久井村時代の和歌

『漫吟集』には、

いつとせばかりもやそこに有けん、それよりある人池田川といふ川ぎしのうへにつくりおける菴をかりてうつりすみける時よめる歌ども

（『漫吟集』巻十九）

とあるから五年ほどいて、それから数里離れた万町《まん》の伏屋家にうつったのである。この久井時代は日本古典の研究にはまだ進んでいないようであるが、和歌は数多くよんでいる。新しい自然にふれて歌境もわいたのであろう。「久井にてよめる

歌どもとして、

山里にその色となき衣きて　何にかさらに心満《みた》まし

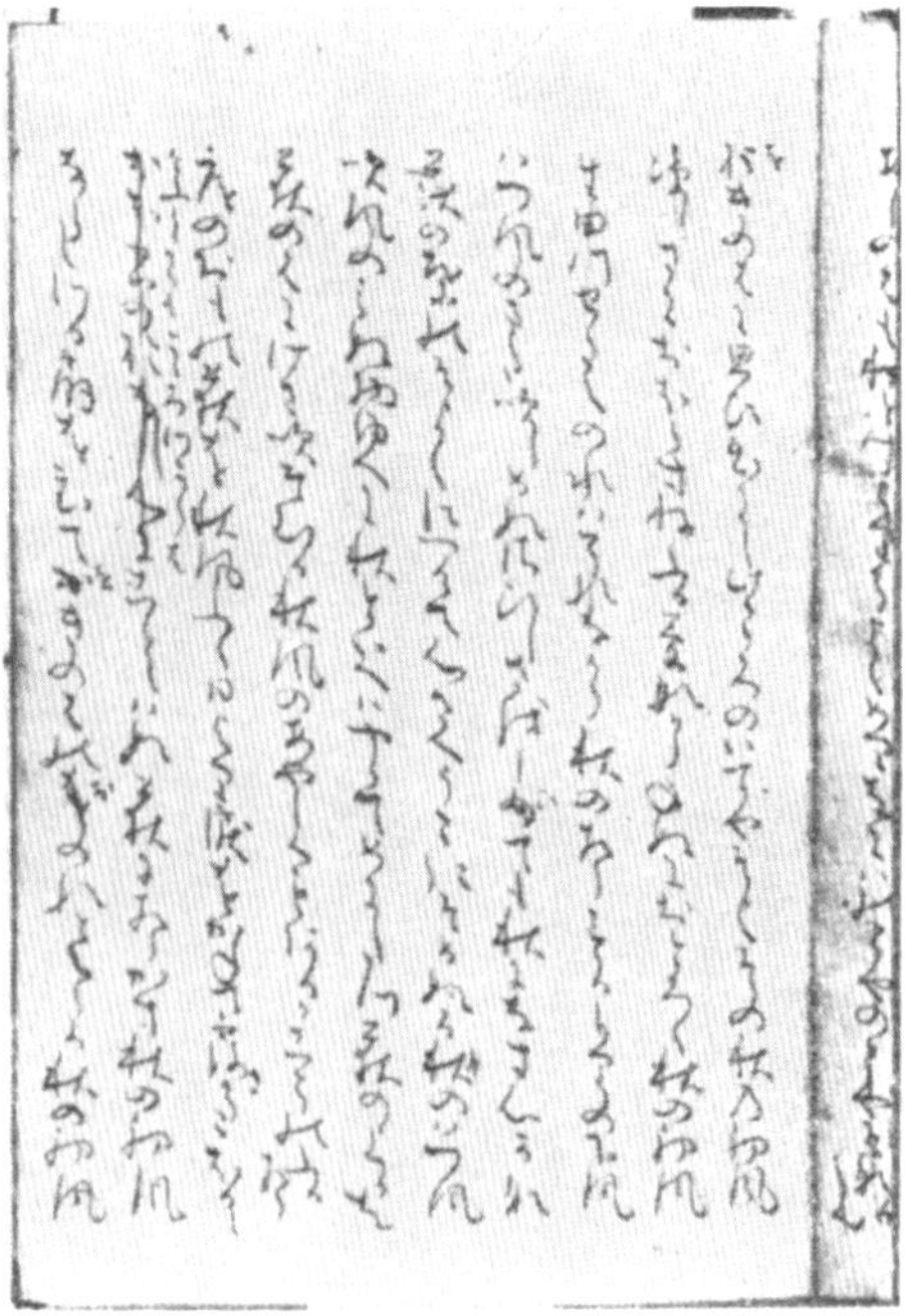

殿村家蔵『漫吟集』（その１）

徒《ら》に身をやすくとは山里に　我やはすめる思ひ忘るな

山里の草木の中に我ありと　空行風のたれにつげまし

柴の戸をわがともさゝぬ庵《いほ》なれば　山井の清水すみよかりけり

見しこともさむればあらぬ物ゆゑに　ふる里にとは夢なかへりそ

等とある歌を見ると、その生活に満足しきった心持を見ることが出来る。しかもその間に徒らに身をやすくのみ住むのではないとする点に、他日を期して修養研学に専念した心持をも見得るであろう。契沖の庵のすぐそばに春木川という川があったことは前に述べたが、彼も時には流れを見て感慨をもいだいたであろう。

「其里に春木河といふ河のながれきよければ」として、

水上の山まだ見ねどはるき河　梅ありげなり今うかびこん

とよんでいる。山村の風景を見るが如くである。山村にいて契沖は仏の道をとくよりは、自らの研学につとめ、その自然に心をむけている。

この久井時代にあって高野で知った人々にも文通したであろうし、義剛にあてた歌もこのころであったかも知れない。それよりも難波の長流との贈答歌はこの時に多くあった。長流には曼陀羅院を出る時に知らせてあったが、久井に来てからは『漫吟集』に多く見えており、また長流と契沖との贈答歌を集めた『行かひ歌』や『和歌唱和集』によっても見られる。『漫吟集』では「いづみの国いづみの郡久井といふ山里にすめると聞て長流がよみておこせたる」として、

いづみなるいづみと聞けば住がうへに　すまむ久井の岸ぞ知らるゝ

吾も今友まどはしてさほ河の　千鳥の声をほりえにぞなく

とあり、それに長流の返しの歌が二首ある。これによると、久井に来たことを長流の方で知ってよこしたようであるが、『行かひ歌』にある「はやうすみけるなにはより山里にいりて後、長流につかはしける」として、

みゝなしの山の鶯声絶ず　花に啼《なき》てもたれかきくべき

めなし川水のあはともたれかみん　君がうたかた消はてぬべし

との歌があるのを見ると、契沖からこの歌を送りそれに長流から答えたようである。そうあるべきであろう。久井から贈答した歌は数多くのっている。「そのすめるところはいづみの国泉の郡久井といふ山里なりければよみてつかはしける　長流」という題詞や、「契沖が卯月のころ寺をいでゝ山にいりてのち秋になりてつかはしける　長流」という題詞や、「契沖が山住のところより蔦《つた》・紅葉など見せばやといひおこせたるかへし　長流」という題詞などを見ても、それがわかる。

また、

山住とぶらはんと思へど冬のうちはなるまじければ、山のさわらび生出《おひいで》んころにといひおこせたりける長流のもとへいひやる　　契沖

さわらびのもえん春にとたのむれば　先《まづ》手を折て日をやかぞへん

とあり、長流が、

皆そゝぐ久井のはるひとけなばと　われさわらびのをりいそぐ也

と答えている。長流は久井をたずねようとしたらしいが、果して参ったかどうかわからない。「長流がもとへいひやる文どもの便《たより》あしければとゞきかぬるときゝて」として契沖が、

木の葉さへうづむばかりの霜により　山路は文もとゞこほるらん

とあるのはどういう理由かわからないが、長流の境遇が変ってきたのであろうか。

また『漫吟集』や『行かひ歌』にある、

長流がことを水戸宰相につたへきゝたまひて、ろくめいたる物年ごとにたまふべきよしになりぬときゝて

住吉の松をあふぎて立よれば　つくばの山の陰やかすみぬ

とあることによって、長流は『万葉集』の注釈を水戸家にたのまれて着手し、禄をもらったことがわかるが、これは何時からであったろうか。久井に契沖があっ

たころであるともいえる。あるいは曼陀羅院時代ともいえるが、この題詞から見ると、久井にこもってからとも見られる。『行かひ歌』にある歌の順序は大体年代順とも見られるが、それによると曼陀羅院を出て放浪ののち久井にこもったころと見られる。長流がいかにして水戸家に知られたかはわからないが、長流は寛文のころはすでに二－三の『万葉集』に関する著述もあり、その名も水戸家に知られていたかと思われる。

長流の著述

長流の著述を見ると、万治二年（一六五九）の跋のある『万葉集名寄』、寛文十年（一六七〇）刊の『枕詞燭明抄』、延宝五年（一六七七）刊の『続歌林良材抄』や『百人一首三奥抄』等のほかに『万葉集管見』二十巻、『万葉集抄』一巻もあるが、『万葉集管見』は橋本進吉氏によると寛文初年ころ成り、『万葉集抄』はそれより後に成ったものである。『万葉集管見』は『万葉集』二十巻から巻の順序に従って難解の語を抄出し注解を加えたもので、長流の『万葉集』研究の主著というべく、『万葉集抄』

は『万葉集』巻二から巻十四まで長短歌と旋頭歌《せどうか》七十三首を巻の順で抜き出して注釈したものである。長流が水戸家の嘱《しよく》によって『万葉集』注釈をなしたのはこれらの書であると思われるが、『管見』を寛文はじめとすれば契沖の二十二―三歳に当る。寛文二年に契沖は二十三歳であり、この年に曼陀羅院の住職となっている。契沖とはじめて知ったころは長流は『万葉集』研究に最も力を入れていたころと推定される。長流が水戸家から禄をたまうたのもこのころからであろう。もっとも長流は水戸家の嘱にもかかわらず、『万葉集』注釈は完成しなかったのであるから、『管見』や『万葉集抄』はそのために書いたのではないかも知れない。あるいは『万葉集管見』などによって長流の万葉研究が知られ、その結果、水戸家に『万葉集』注釈を嘱せられたのかも知れない。いずれにしてもそのころ四十歳前後であった長流は熱心な万葉研究家であり、その研究家的態度が契沖と意気投合したのであったろう。和泉の山村時代にも契沖と長流との和歌の贈答による

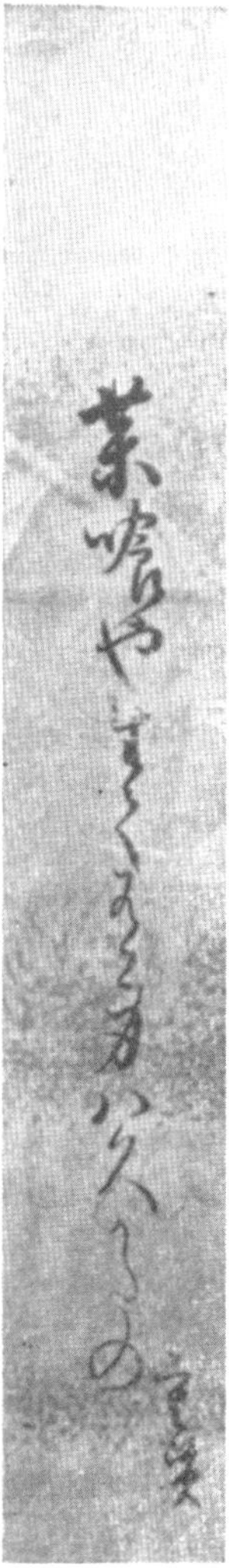

伏屋重賢筆蹟

薬喰や生て有身は久かたの　重賢

交わりはしげく、互いに心を通わしていたのであろう。

万町の伏屋家へ移った理由

契沖は久井に五年ほどいた後に二里程北にある池田万町の伏屋長左衛門重賢の家に移った。この家に移ったのは私がかつて伏屋家を訪ねて得た四枚摺《ずり》の案内図のような紙に「和泉国池田郷万町伏屋氏或作二布施家一。圍内契沖法師寓庵幣垣舎《しでがきのや》図」として種々説明があり、その中に、

師の祖父元宜下川又左衛門加藤家に仕ふ。父元全下川善兵衛青山家に仕ふ。重賢の祖父一

安伏屋飛驒守　豊太閤君に仕ふ。父竹麿泉州池田家を嗣伏屋氏と改む。其祖父よりのしたしみの因《ちなみ》により師も亦こゝに来る。

とあり、契沖がここに来た理由も明らかになった。重賢も気骨のある人であり、その家には和漢の書を集めてあったので契沖は喜んでその邸に来て住むことになったのであろう。万町は和泉国泉北郡にある。堺から槇尾山街道を南へ二―三里いった所にあるやや小高い山村である。私の参った時は伏屋家は旧家として存していたが、その家は広く、契沖のいたという養寿庵の跡は家の東の方にある。石垣のみが残っていたが、崖の下には下藪があり、その下を池田川が流れていた。その養寿庵は後に円珠庵にうつされたのである。

伏屋家の周囲

伏屋というのは布施家ともあるのは、伝えでは行基が、畿内の諸所に布施屋を設け、無料で泊めた。山城（京都府）の乙訓《おとくに》郡大江・相楽《さがら》郡泉寺、摂津の河辺郡昆陽《こや》（兵庫県伊丹市）・豊島《てしま》郡垂水《たるみ》（大阪府吹田市）・西成郡度《わたり》（大阪市西成区）、河内国交野《かたの》郡楠葉（大阪府枚方市）・丹北郡

養寿庵

石原（堺市）、和泉の大鳥・野中（ともに堺市）の九ヵ所に設けたとある。伏屋もその一軒であると宇田川氏は推定しているが、秀吉の臣伏屋飛驒守という祖父の経歴が明らかになったので、伏屋がはたして布施屋であったかは疑問である。ともあれ伏屋家はその土地で徳望のある家であったことはその屋敷の広さから見ても想像された。

この伏屋にあった時代は延宝二年（一六七四）から四年間であるが、伏屋家の邸内の養寿庵にこもってひたすら和漢書の研究に精励した。旧家として和漢の書を伏屋氏では蔵していたし、重賢も『泉州志』の著もあるほどであり、種々の方面にわたる蔵書もあったので、この四年の間に契沖の学問も一層精《くわ》しく広くなるとともに、特に和書の方面の造詣《ぞうけい》も深くなっていった。契沖の著書のうちで『正字類音集覧』は延宝四年秋八月になっているが、そうすると伏屋家にいたころになる。三十七歳の時である。漸く著述として書き残そうという心境になって来たと見られる。

三　契沖と宗因

契沖と宗因との関係については前にもふれたが、ここで更にやや詳しくのべておきたい。談林派の西山宗因も延宝二年八月三日に万町の伏屋家に一宿していることから、契沖と宗因とはここで一夕《いっせき》逢う機会があったのではないかと思うからである。

西山宗因

西山宗因はいうまでもなく談林風の主唱者であるが、その経歴については頴原《えばら》退蔵氏の「宗因の連歌」(『俳諧史の研究』)、「西山宗因」「西山宗因の連歌論考」(『俳諧史論考』)や弥《や》富破磨雄《とみはまお》氏の「加藤正方と西山宗因」、中村俊定氏の「西山宗因の初期の連歌」、また近くは宗因の熊本からの自筆紀行『飛鳥川』が小宮豊隆氏によって紹介複製されており、その他の論考もあって次第にその経歴も明らかになって来ている。

宗因は名を豊一、通称を次郎作といい、肥後（熊本県）に生れている。宗因の父は加藤清正に仕えていた関係で宗因も忠広の臣で八代にいた加藤正方に仕えたが、寛永九年二十八歳のころ、加藤家断絶の折、親を残してひとり都に上って里村法橋《ほっきょう》昌琢《しょうたく》について連歌を学んだ。伏見に住み、のち正保四年のころ大坂に下り、天満宮のそばに住んで連歌の点者となっていたといわれる。彼が俳諧を主とするに至ったのは四十歳代になってからのようである。

熊本時代の事については『飛鳥川』によって明らかになった点が多いが、その中に、

釈将寺豪信僧都は、吾あげまきのころより難波津のことの葉をも教へ給ひて師弟のむつび年久しく侍れば、云々

とあるから、熊本の豪信について和歌を学んだことが知られるし、また八代《やつしろ》の正方も連歌を好んでそういう方面からも深い主従の縁があったことが知られる。正

宗因も加藤家に仕えた一族

方は風庵と号して連歌をたしなんだのである。そうすると都に上る前から昌琢について連歌を学んでいたとも見られ、その関係から早く都に上ることになったかも知れない。この点芭蕉とその主蟬吟《せんぎん》との関係にも似ている。

それよりも私の関心を引くのは、契沖も同じくその祖父の元宜や伯父の元真が加藤家に仕えていた点で宗因と同じ境涯にあったことである。そうして後年において宗因も契沖も近世における文芸復興の重要なる一翼となったことは興味深い点である。もとより契沖は宗因とは三十五歳ほど年齢が相違しており、宗因は契沖の父と同じ年齢であり境涯もその点だけは父と似ているといえるが、文学・学芸という点からいえば、宗因と契沖とは同じ方向であるといえる。

このように宗因と契沖とは清正に仕えた一族という点で因縁があるが、しかし宗因と契沖とは相会する機会があったかどうかは明らかでない。ただ後年相会したかも知れないと思う点がある。それは後に宗因が和泉の方に旅行した際、和泉

宗因、高野山へゆく途中、伏屋家に一泊する

の万町の伏屋重賢の家に宗因も宿泊したことである。この点は頴原氏によっても、延宝二年七十歳の秋に宗因は高野詣でを行ない、八月三日和泉の万町の伏屋家に宿って、

いなばもる里や泉州万町楽《まんちょうらく》

とよんだことが報告されているが、私もその事実に附け加うべき一つの資料をかつて得た。伏屋重左衛門重賢邸は契沖が三十五―六歳から四十歳ごろに至る四年ほど止まって古典研究にふけった所であり、契沖が大坂に帰った後も親しく交わっているが、契沖が伏屋家に参ったについては一の理由がある。前節にも記した如く、私はかつて万町の伏屋家を訪れたことがあるがその時、家人から得た四枚の摺物の中に、

師の祖父元宜（下川又左衛門）加藤家に仕ふ。父元全（下川善兵衛）青山家に仕ふ。重賢の祖父一安（伏屋飛騨守）豊太閤君に仕ふ。父竹麿泉州池田家を嗣伏屋氏と改む。其祖よりの

　したしみの因《ちなみ》により師
　も亦こゝに来る。

とあることによって重賢と知った理由がわかった。このことは『契沖伝』の中に報告した所である。そうして同じ摺物の中に宗因のことも記してある。すなわち邸内図によると契沖のいた養寿庵の跡と庭樹を隔てて梅の屋跡と名づけた所があり、「梅の屋に西山梅翁遊

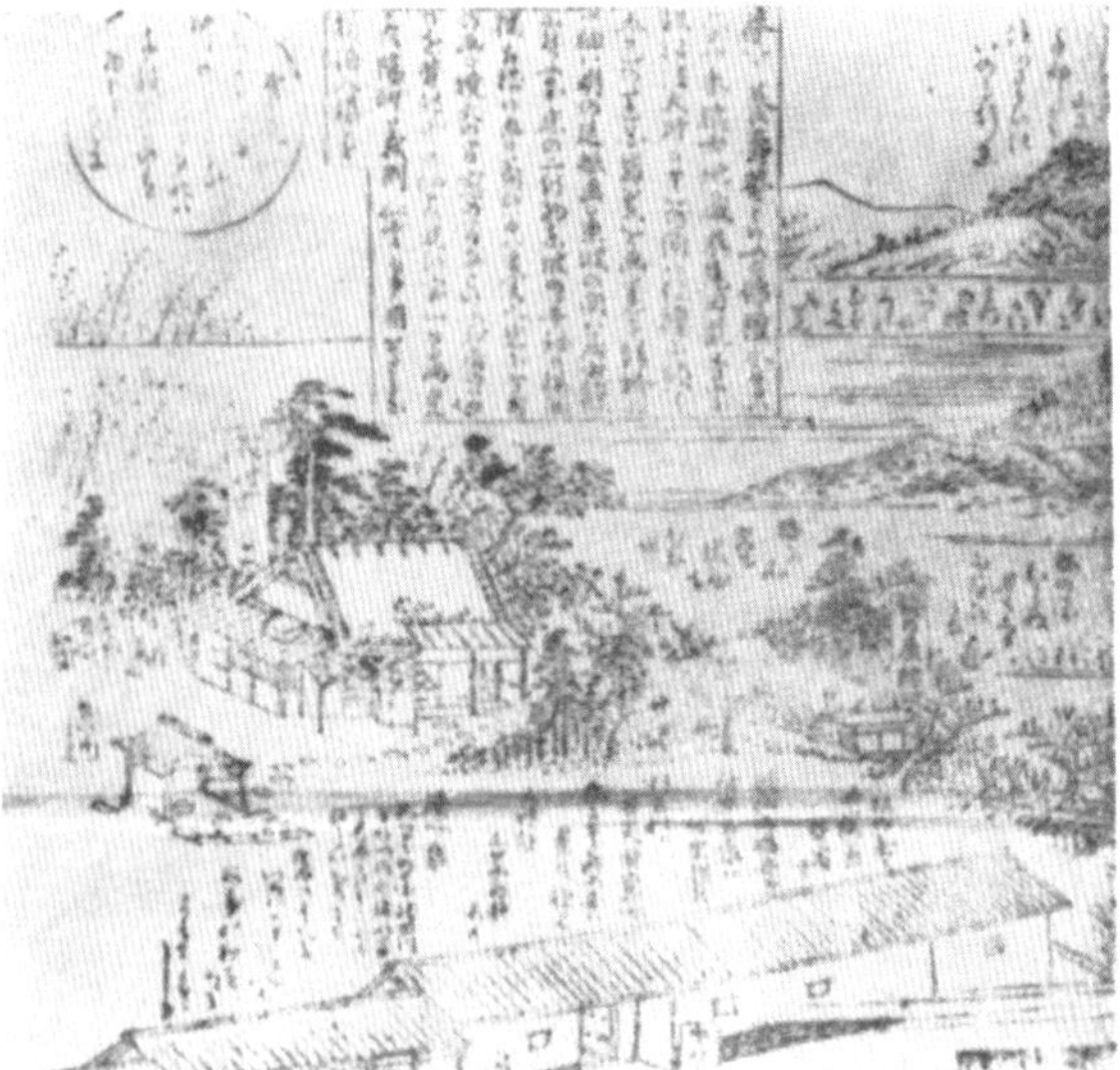

伏屋家邸の図

宿す」とあり、

梅の花知らぬ身もしるにほひかな

その他の句が記してある。宗因が伏屋家に泊ったのは重賢も俳諧に親しんだため に知った間柄であったためもあろうし、伏屋が布施家として旅宿をしたともいえる。同時に契沖と親しんだのが秀吉と清正一族に仕えた関係からであったとすれば宗因もまた同様な関係で知ったかも知れない。

延宝二年八月三日宗因と契沖会したか

宗因が伏屋家に泊った延宝二年八月三日は宗因の七十歳の時であり、『談林十百韻』や『大坂独吟集』の刊行された延宝三年の前年である。談林風が漸く俳壇の中心になろうとしている時であり、宗因の多年の志が達せられようとした時であった。一方契沖は三十五歳の時であった。僧侶となっても心満たず、一度住職となった曼陀羅院ものがれて室生で一度は岩に頭をうって死のうとしたが、それも果さず、心を定めて和泉の山村に入ったのは三十歳前後であり、はじめ五年は久井村に居り、三十四-五歳のころから万町の伏屋家に移って邸内の養寿庵にひたすら古典を研究していたことは前にものべたが、宗因の宿った延宝二年に伏屋家に移ったらしいから八月には恐らく契沖は伏屋家にいたと思う。図によると養寿庵と梅の屋とは同じ邸内であり、場所も近い上に、同じ豊臣・加藤家につながるものたちであることから、宗因の宿った夜は契沖も宗因と会し、秋の一夜を重賢と三人で語り合ったと想像することも出来る。七十歳の宗因を中心として契沖と重賢とが語り合ったとすればそれは和歌や連歌・俳諧のことであったかも知れず、またあるいは没落した豊臣氏や加藤家に対する追憶であったかも知れぬ。とにかく和泉の山村の静かな秋の一夜のこの好会を想像して、私は無限の感慨を禁じ得ないのである。

宗因はそれから大坂に帰り、また江戸にも出て談林風は俳壇の中心となった。契沖はなお黙々として山村の一室に古典を研究したが、数年の後には大坂に出て和泉時代の蘊蓄《うんちく》を披瀝《ひれき》して『万葉代匠記』の著述に没頭するに至るのである。しかし契沖は後に円珠庵に隠棲するが、それは伏屋家にあった時契沖のいた養寿庵を重賢の好意で移したものである。契沖にはそれからも常に山村の生活が忘れ難かったのであろう。宗因と契沖との進んだ道は異なったにしても、同じく旧習を破る近世の新しい叫びであったのである。私は今まで宗因に対してはそれほど心を引かれることもなく、談林の俳諧にも興味を感ずること少なかったのだが、しかし、『談林十百韻』を読み直して見ると、蕉風の基礎はすでに見られるようにも思う。

なふ〳〵旅人三伏の夏　　在色
なみ松の声高ふして馬やらふ　　馬柴

の如きにも清新なるものが見られる。

そうして宗因の伝を調べる時、ここにも近世の黎明《れいめい》を感ずる。宗因は晩年俳諧よりも連歌を再びよんだと伝えられるが、これは談林風があまりに放埒《ほうらつ》になったことに対する反省であるのかも知れない。宗因にも町人出でない武士出身の気節があるように見られる。没落した加藤家に仕えた武士であったということを考えれば、そこに契沖と通ずるものがあったと見ることが出来る。かつて書いた『契沖伝』に宗因と契沖との関係に一言もふれなかったのは大きな見落しであった。

四　鬼住・吾孫子

河内鬼住村在住

契沖が伏屋家から出て、妙法寺の住職になるまでの間に一―二年の間隙がある。延宝七年（一六七九）契沖四十歳の時に妙法寺住職になっているが、契沖が万町を去ったのは延宝五年三十八歳の十一月から十二月にかけてであって、このころ河内国小西見村（鬼住《おにずみ》村）（大阪府河内長野市）に寓居している。鬼住村には延命寺があり、覚彦《かくげん》が住職であるからその関係であろう。それは生駒宝山寺にある契沖の書写校合《きょうごう》を加え

た『儀軌《ぎき》』の奥書にそれが見られる。『普賢金剛薩埵《さつた》念誦法』の奥書には、

延宝五年十一月廿一日、於内州小西見村寓居之暇写レ之。

とあるし、『孔雀明王画像壇場儀軌』の奥書には、

延宝六年五月三日、於摂州住吉郡吾孫子《あびこ》村写レ之了。　沙門契沖　卅九

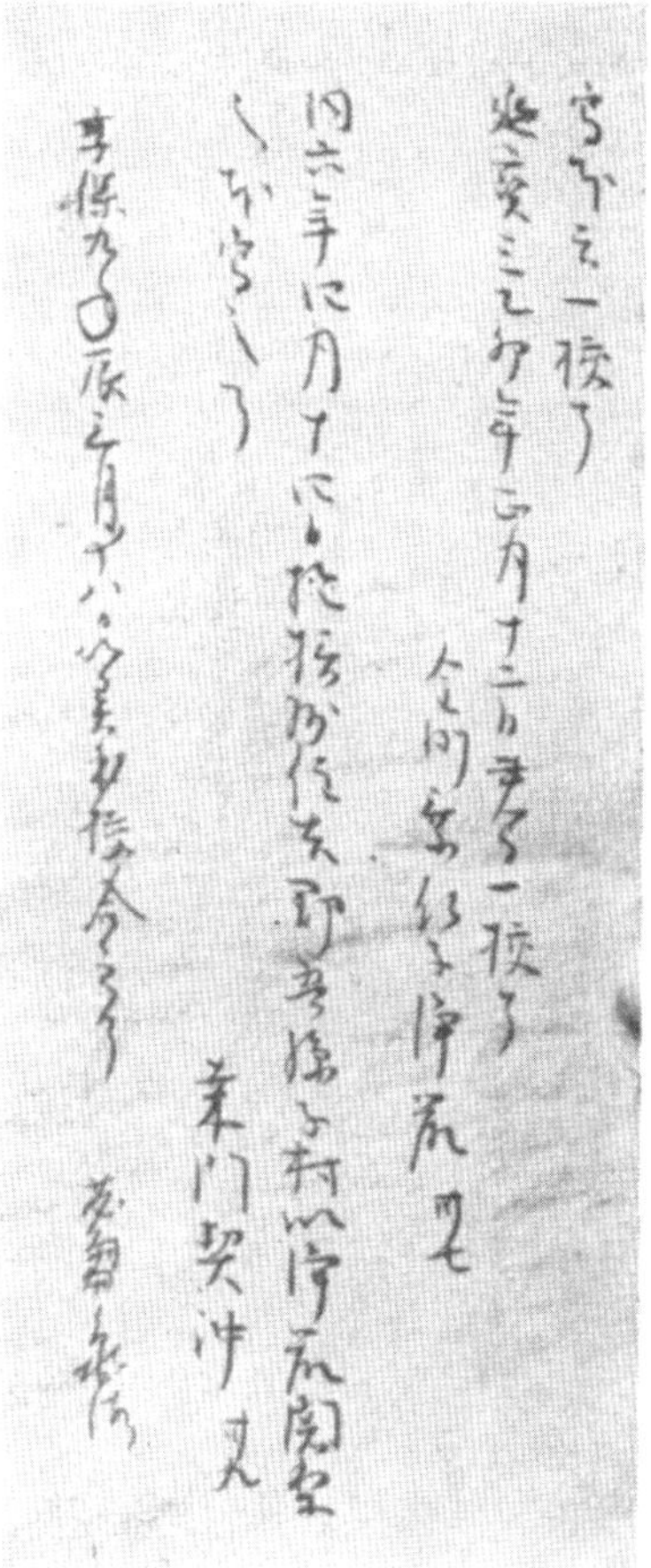

『儀　軌』奥　書（延宝六年）

とあるから、このころは吾孫子にいたのであり、『妙法寺記』によると、四月十日ごろから住吉郡我孫子村権右衛門屋敷の内に庵室を借り移り、同霜月まで彼所《かしこ》にあったことが記されてある。また『文珠問経字母品』第十四には、

延宝六年四月十二日、於泉州池田谷写レ之。　　　　契沖　卅九

とあるから、延宝六年の春には泉州池田谷にうつり、そこに四月ごろまでいたのかと思われる。いずれにしても万町にいたのは延宝五年十一月ごろまでであり、延宝七年に妙法寺住職となるまでは、河内・摂津・和泉の方々にいたと見るべきである。それに住職になることがきまっていても種々住職になる手続きに日がかかったと見られる。また契沖は『妙法寺記』によると、先輩の鬼住村の延命寺の覚彦（浄厳）に妙法寺住職をゆずろうとしたようである。これが都合が悪くなって自分が引受けたようである。契沖自身にも母を養うために住持になる必要も生じ

『儀軌』の校訂書写

たと見られる。

ただこの間も無為《むい》に過したのではなく、方々に移っても『儀軌《ぎき》』の書写や校合を行なっている。それは相当の分量である。私は大正の末に、橋本進吉氏と生駒（奈良県）宝山寺に参って所蔵の『儀軌』のすべてを見、その奥書を写しとったので、『契沖全集』にそれを発表したが、この一―二年に多くなされている。この『儀軌』の書写は浄厳にすすめられて行なったかとも見られるが、それらを一々書写しているのである。それを見ると、延宝二年のころに浄厳の写した本を契沖が写校している場合が多くある。たとえば『大日経略摂念誦随行法』では、

延宝二甲寅九月一日、以ニ栂尾《とがのお》山寺法皷臺之本一、於ニ仁和寺一写レ之了。

一校了。同月四日再校了。　浄厳　卅六

同三年七月廿二日、伝授第三校了。

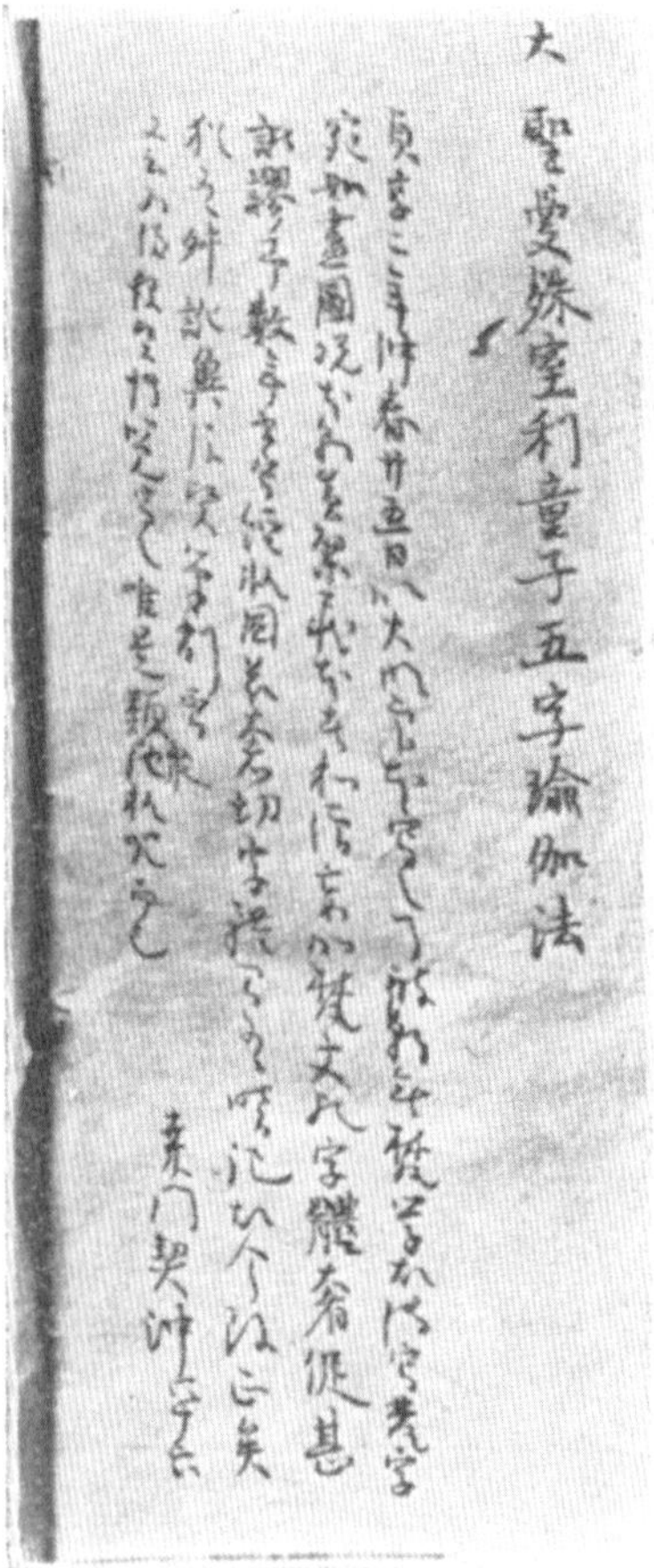

『儀　軌』奥　書（貞享二年）

延宝六戊午四月十一日、於二泉南池田谷一、以二浄厳阿闍梨本一写レ之了。

（朱）一校了。（墨）金剛仏子契沖　卅九

（朱）貞享二年歳次乙丑首夏十三日、以二大明印本一校了。

とある。これによると、浄厳が延宝二年に栂尾山寺の本で写し、一校・再校・三校した本によって契沖が延宝六年四月十一日に写し、更に貞享二年に大明印本で校している。また『青龍寺軌記』の如きは、慶安六年に沙門恵範が写し了った本を浄厳が一校し、それを契沖が延宝九年に写校している。『略出念誦経』第一は延宝二年に沙門元全が仁和寺本で書写したものを延宝七年七月八日に契沖が写している。延宝八年十月十六日に讃州(香川県)高松現証庵で高麗印本で一校しているのは署名はないが、写本校者は浄厳阿闍梨也とあるから、浄厳が讃州高松現証庵に参って校したと見られる。ともあれ万町では和書が多くあったが、この延宝六年前後は覚彦の延命寺の近くにいた関係で、『儀軌』の書写・校合に力をつくしたともいえるし、山村の閑居から再び妙法寺住持になるについて仏典に心を入れたとも見られるのである。

この住吉にいたころよんだ歌は『漫吟集』の中に

住吉あたりに住ける時、秋くる日

沖津風波路にたちて住吉の　岸にむかへる秋は来にけり

とある。秋くる日とあるから延宝六年の七月ごろの歌であろう。住吉の海を眺めての歌であるが、このころの感慨をうかがうことが出来る。

第五　住持時代（二）

一　妙法寺の生活

妙法寺住持となる

契沖の妙法寺住持時代を見るには、『妙法寺記』が参考になる。契沖が妙法寺に入ったころの経過を書いたもので、自筆本が妙法寺に伝わっている。それによると、契沖の先師丰定《かいじょう》は元和八年から延宝六年まで五十七年間住持し、延宝六年に契沖に譲り、延宝八年十月二十八日に七十五歳で世を去っている。

住持になった年代

契沖が今里の妙法寺の住職になったのは延宝七年四十歳の時である。『妙法寺記』によると延宝六年霜月から住持分になったが、公儀には七年からと書上げたので、寺へ入ったのも七年からであるらしい。その間を吾孫子《あびこ》あたりで静養がてら過したのである。この住持になる時も、師の丰定が寄る年波で住持を辞すので、契沖にすすめられたのであるが、契沖は先輩の覚彦を推薦している。しかし都合よくはこばないので契沖自ら跡をひきうけることになったのである。契沖は老いたる母を養うためもあり、住持となることを諾したのである。そうして小家を作って母を住まわせている。

『妙法寺記』によると、この寺は聖徳太子建立といわれている古寺で、近世になってからは正円・祐恵・丰定とついで、丰定のつぎに契沖が住持となった。この寺は少年の契沖がはじめて出家してこの寺で丰定についたのである。丰定は延宝八年七十八歳で歿しているから、二十歳の時住持になっている。この寺の主ともいうべき高徳の僧であったらしく、契沖も少年時代からの師としてその学徳を慕ったのである。

私も大正の末にこの寺を訪れたことがあるが、閑静な土地にあり、それほど広い地域ではない。この寺に「妙法寺古図」とあるのを見たが、妙法寺の図面があり、それに文禄三年の検地の写しと、延宝五年の検地の写しが書入れてある。延宝五年は契沖の住持になる前年である。それによると延宝のは朱で、

古検　三畝之内
屋敷　長十弐間 横十弐間　但四畝廿四歩也
此分米五斗七升六合

とあり、「右朱書之分は延宝五年新検帳之写也」とある。延宝時代の寺の広さや経済状態もわかって興味がある。

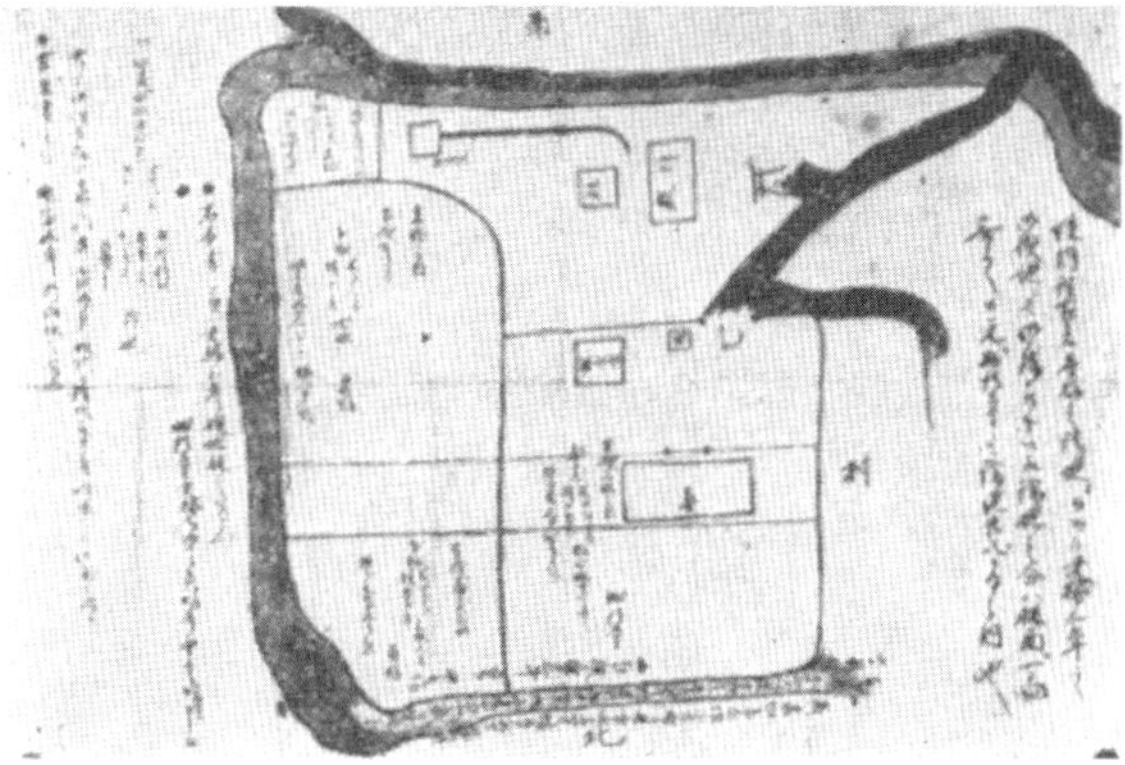

妙　法　寺　古　図

妙法寺の生活

妙法寺住持としては寺の俗務があったであろうが、曼陀羅院時代と異なって四十歳をすぎているのであるから、進まぬながらも任務を処理していったのであろう。ここに住持であったのは元禄三年五十一歳ごろまでで約十年であるが、今までの長い学問修業をへて身につけた和漢仏の深い知識を傾けて著述に専念している。それも親友の下河辺長流が水戸家から託された『万葉集』の注釈が長流の病気のためはかどらないので代って着手したのであるから契沖自らの意志であるともいえないが、しかし契沖もすでに自分の学問を結実させるような心境に至ったのであろう。そうして『万葉代匠記』の初稿本と精撰本とはこの妙法寺時代にかきあげているのである。その上に賀茂神社の三手文庫に蔵する今井似閑《じかん》寄進本を調べた結果によると、この年代に四-五の小著をも書きあげている。その点では妙法寺時代は契沖の著述時代第一期ともいえるのである。

丰定の死

住持になってまもなく、延宝八年には前住持で多年の師でもあった丰定《かいじょう》がなくなっており、また貞享三年四十七歳の時には、多年の心の友であった下河辺長流が歿している。契沖にとっては悲しみの切なるものがあったであろうが、それだけ長流に代って筆をとった『万葉代匠記』の稿をいそぐことにもなったであろう。『漫吟集』哀傷歌に、

師の身まかりけるをとぶらふべき人のとぶらはざりけるに
しでの山こえぬ人にはうとくとも　先だつをだに哀《あはれ》とは見よ

とある師は『延宝集』には「先師みまかりける時」とあって、契沖の師をさすと見られるが、丰定の死をさしたと考えられる。その時にとぶらうべき人がとぶらわなかったというのは、同じく丰定の弟子であってそのためとぶらうべき人とい
ったのかも知れない。また長流の死をいたんだ歌は、

貞享三年みな月のみかの日下河辺長流みまかりけるによめる
わたり河照日やしらぬみな月に　長き流もたえにし物を

はかなさの世のためしなる蟬だにも　秋待ほどを人ぞ声せぬ

とある。契沖の悲しみが切々と歌の上にあらわれている。

二　『契沖延宝集』と『漫吟集』との関係

契沖は妙法寺の住持になってからこれまでの身につけた学問を著述としてまとめるに当って第一に着手したのは、これまで詠んできた和歌をまとめることであった。延宝九年(一六八一)四十二歳の時に『契沖延宝集』がなったことは、その巻初に「延宝九年四月十八日沙門契沖四十二歳自集」とあることで明らかである。あるいはその前年に丰定がなくなったのでその供養の意味であまれたのかも知れない。哀傷歌のはじめの歌が前にあげた「先師みまかりける時云々《うんぬん》」の歌であったこともそれを推測せしめるのである。

ここで『延宝集』を中心として契沖の和歌について考察して見たい。

契沖の歌は全集では『延宝集』と『漫吟集類題』とのほかに、龍公美の刊刻した『漫吟集』十巻が収められている。そのほかにも『四季出題和歌』『行かひ歌』『和歌唱和集』『詠百首和歌』『詠富士山百首和歌』がのっている。これらの書誌については『契沖伝』に扱ったのであるが、前三集の関係にはなお種々の問題があるし、それによって私家集の成立過程ということの共通問題を考えることにもなるので、ここに記しておきたい。

公美刊本の『漫吟集』は二冊十巻で四季の歌だけある。上冊には春歌三巻・夏歌二巻あり、下冊には秋歌三巻・冬歌二巻ある。これは龍公美が校訂して天明七年の冬刊刻したもので、はじめに本居宣長の序、龍公美の叙、龍善昌の序、下河辺長流の序、龍世華の題辞があり、つぎに安藤為章の『契沖行実』と契沖の肖像をかかげ、終りには天明七年の渡辺直麿や富小路《とみのこうじ》良直の跋がある。公美の叙によると、公美の父善昌が契沖の門人であったので、同じ門人の宇治の衷心院主良舜

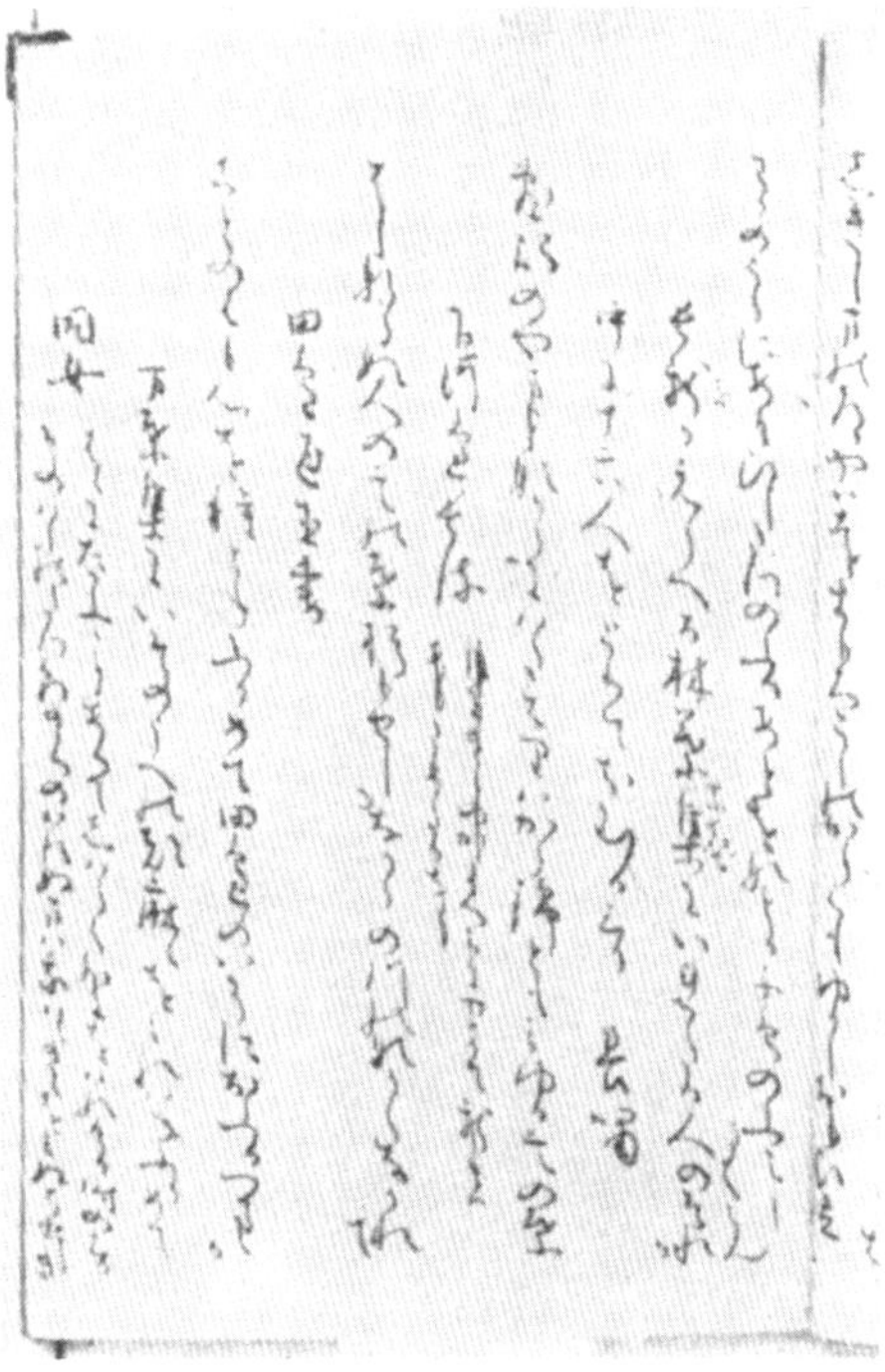

殿村家蔵『漫吟集』（その2）

僧都とともに円珠庵に契沖を訪うて『漫吟集』を借り、良舜と協力してこれを書写し、その家に秘蔵したが、善昌の歿後、公美の門人若山隆賢がしきりに請うので、上梓《じょうし》せしめたとある。しかし刊刻がなってまだ校正が終らないうちに天明八年の京都の大火で版木が悉く焼けてしまったが、その校正刷が世に残り、それが富岡鉄斎の蔵に帰したのが、佐佐木信綱博士に贈られた。そうして『契沖全集』第七巻に印刷されるに至った。

これに対して『漫吟集類題』二十巻は四冊本で、下河辺長流の序があり終りに石津亮澄の文化十年三月の跋がある。また奥に、

天明七丁未《ていびの》歳十二月、原刻。
文化十二乙亥《いつがいの》歳二月、校正再刻。

とあり、書林に皇都吉田新兵衛・東都西宮弥兵衛・英《はなぶさ》平吉とある。ここに天明七年原刻とあるのは十巻本の龍公美のそれをさすことは石津亮澄の跋のうちに、

此集をすりかたきにものせしは、これよりさき天明七年といふとしの冬の事になむ。さらば其世に龍公美といふ人ありて、其父のあたりにものまなびせ

しゆかりとて、つたへもたる本をもて春夏秋冬の部十巻をえらせものせしが、ゐりあやまりやあるとてよみたゞしなどするほどに、おなじ八年といふとしのみやこの火に彼かた木はのこりなくやけうせぬ。

とあることによってわかる。いわばこの本は龍公美の校刻本がもとになっているから、原刻といったのである。『類題』にある長流の序文は同文である。また巻十までは四季であって、この部分の組織は同じである。巻十一からは釈教歌・哀傷歌・羈《き》旅《りょ》歌・恋歌上・恋歌下・雑体物名・俳諧・長歌・雑歌一・雑歌二・雑歌三・雑歌四、からなっている。

『漫吟集』の自筆稿本

『漫吟集』の自筆稿本は大阪の殿村家にあり、四冊本である。関戸家にも春だけであるが自筆稿本があるが、殿村家蔵のが初稿本で関戸家のは再稿本である。『漫吟集』の初稿は長流の序があるから貞享のころまでには出来たと見られるが、前からも草本があったらしく、それから後も手許において絶えず書入れを行なっている。この稿本から出た写本もあるが、それぞれ異なっているのは、自筆稿本そのものが次第に成長したのであり、関戸本はそのある段階に清書したのであろう。

関戸家蔵『漫吟集』

その成長過程にある稿本から写本もなっているが、その写した時によって相違するのである。上賀茂文庫にある『漫吟集』の写本は今井似閑《じかん》の旧蔵本で信頼すべき写本であるが、自筆稿本の、ある段階の写本であるから自筆稿本とは相違がある。関戸家蔵の自筆稿本は殿村家の自筆稿本に書入れてある歌が本文に書きつがれてあるから清書本と見るべきであるが、それも最後の段階かどうか疑わしい。

龍公美刊本もある年代における稿本の前半を版にしたものと見られる。従って類題本の刊本の前半と比べても歌の出入りがある。巻一、春上を見ても、巻頭第一首はいずれも、

菅の根に雪はふりつゝけぬがうへに　冬をしのぎて春はきにけり

であるが、公美本の第二首、

鶯もなかぬかぎりの年のうちに　たがゆるしてか春はきぬらん

は類題本では第五首にある。公美本第三首、

あふ坂や冬の日数の関はあれど　年のこなたにこゆる春かな

は類題本ではそのつぎの第六首になっている。これによると、類題本の第二・三・四首は公美本の後に書入れたものと見ることが出来る。

このようにして類題本は次第に成長していった形を示している。自筆稿本の巻一のはじめの所を見ても原形は公美本の歌の順序で書かれてあり、それに縦横に歌が書入れてある。殿村家本も関戸家本『漫吟集』自筆稿本も、『契沖全集』にそれぞれ数葉写真がかかげてあるのでそれで見てもわかるが、殿村家本には行間や紙のあいている所に所せましと歌が書入れてある。それらは大体刊本の『漫吟集類題』に増加して入っている歌である。それによっても龍公美本は『漫吟集』の成長過程を見る上に貴重な資料であることを今更ながら感ずるのである。

『延宝集』と『漫吟集』との関係

それとともに更に注意すべきは『契沖和歌延宝集』と『漫吟集』との関係である。『契沖和歌延宝集』は「延宝九年四月十八日沙門契沖四十二歳自集」とあって、契沖が湖海狂士の請によって編したものであって、長嘯子《ちょうしょうし》と長流と合わせて三家集になっている。写本も存するが、早く『日本歌学全書』に収められ、『契沖全集』にも入っている。四十二歳といえば契沖が妙法寺の住持になってからである。歌数は少ないが春歌・夏歌・秋歌・冬歌・恋歌・羈旅歌・哀傷歌・釈教歌・雑歌・雑体歌に分類されている。『漫吟集類題』の分類に比べると、『類題』では春・夏・秋・冬以後は釈教歌・哀傷歌・羈旅歌・恋歌・雑体・雑歌になっていてすべて共通しているが、ただその順序は異なっている。『漫吟集類題』も契沖の自筆稿本があるのであって、どちらも契沖の自撰と見るべく、『延宝集』は『漫吟集』のまだ初期の草本から契沖がえらんだものと見られる。『延宝集』の出来たころは『漫吟集』の草本もなかったとも見られるが、泉州時代の歌を多くよんでいるので、若い年代からの歌を書き集めてあったであろう。ただそれはどのように整理し、もしくは分類してあったかは疑問であって、ただ書き集めてあったのを『延

宝集』ではじめて整理し分類を試みたのかも知れない。『延宝集』の巻頭の春の歌、

うぐひすもなかぬかぎりの年の内に　たがゆるしてか春は来ぬらん

は龍公美本では巻一、春上の第二首になっており、その前に、

菅の根に雪はふりつゝけぬがうへに　冬をしのぎて春はきにけり

がある。類題本巻一、春上も、この歌が第一首になっている。『延宝集』の巻頭の歌「うぐひすもなかぬかぎり」の歌は類題本では巻一、春上の第五首になっている。『延宝集』の第二首、

みよしのの山は春たつけふごとに　霞なれてや又かすむらん

は「于レ時十七」とあるが、この歌は龍公美本では巻一、春上の第二十二首になっている。類題本では巻一、春上の第七十一首にある。こういう点にも『延宝集』と龍公美本と類題本とのそれぞれの相違が見られる。

ただ注意されることは、今まで『延宝集』と『漫吟集』とは別々にえらばれた

『延宝集』を増補したものが『漫吟集』か

ものでその間にあまり関係がないように思われたが、分類の項目が全く同じであることや、『延宝集』の歌を増補していったのが龍公美本であるように見られる所から、『延宝集』が『漫吟集』の第一草稿であるように認められることである。契沖は早くから歌をよんでおり、殊に泉州時代は多くの歌をよんでいるが、それらを集めてはあったが歌集の体をなしてはいなかったのを、延宝九年に湖海狂士にたのまれて整理し分類して自撰歌集をえらび、それからはこれをもとにして次第に書入れ増補していったものが『漫吟集』ではなかろうか。そうしてその成長のある段階に龍公美本が出来、また更に成長して殿村家本になり、それを更に清書したのが関戸家本である。その後も書入れが行なわれたかも知れない。『漫吟集』には「元禄十三年三月十五日、憲意阿闍梨《あじゃり》身まかりけるに」という題詞の歌もあり、十三年秋すなわち歿する前年の万葉集竟宴の歌まであるから、歿する近くまで書入れていったのであろう。そうしてその『漫吟集』の最初の第一稿が

『延宝集』であると見られる。そうすると、自撰私家集の形成史、もしくは成長史をこれによって知ることが出来るのである。

三　契沖の歌風

契沖の歌風は新古今歌風に近いか

契沖の歌は和歌史の上で必ずしも高い位置をしめることは出来ないにしても、契沖の生涯にわたっての心境や思想を見得るものが多い。題詠も多くあるが、その中に彼の心境が託されているといえる。四季の歌にも生活や心境の見られる歌は多いが、まして哀傷歌や雑歌になると彼の生活記録とも見るべきものである。四十二歳の『延宝集』が五百二十首ほどであったに対して『漫吟集』は六千余首になっておるが、そのように歌集の成長のうちに契沖の人間形成も見られるのである。『延宝集』の歌は四十二歳までの作であるが、『漫吟集』の中には『延宝集』に見えない曼陀羅院の住持時代の歌や和泉の山村時代の歌も入っているから、契沖の歌を年代順に整理することも出来る。ただ歌風的に見ると、早く定まってしまって、『万葉集』を研究してもそれが歌風の上に反映してくることが少ないようであるが、果して万葉歌風の影響はないかどうか。ここでは契沖歌風の性格について考察を加えておきたい。

契沖歌風に見える好忠の影響

『漫吟集』二十巻の分類を見ると春三巻、夏二巻、秋三巻、冬二巻で、四季で十巻を占めている。巻十一以下は釈教歌一巻、哀傷歌一巻、羇旅歌一巻、恋歌二巻、雑歌一巻、雑体四巻、からなっている。『古今集』の部立《ぶだて》に近く、雑体として物名・俳諧・長歌を一巻によんでいるのも『古今集』の伝統の上にたっている。この部立は自撰の『延宝集』に見られ、それが増補され成長したのが『漫吟集』であることは前にのべたが、それは『漫吟集』も契沖の自撰であることを語っている。

そうして契沖の歌風は万葉歌風よりは、古今集の歌風を経て新古今歌風に至る

契沖の歌に見える写実性は万葉歌風の影響大

段階にあるようであり、いずれかといえば新古今風に近いといってよい。春の若葉をよんだ、

かすが野に雪はふれども春の日の　ひかりにあたるわかなをぞつむ

むらさきはまだもえ出《いで》ぬ春日野に　けふはわかなのゆかりをぞつむ

などの歌を見ると古今風であるが、

にごり江にやどる影よりかすめばや　ぬるゝ顔なる春の夜の月

雁がねの帰るつばさをまたやもる　あかつき寒きさらぎの霜

などになると新古今風といえる。そうして、新古今風の巧緻《こうち》な歌に契沖の歌の特質があるようである。しかしそういう場合にも契沖の歌には新古今風の余情のある幻想的世界よりは写実的に自然をみつめようとする所がある。たとえば、

大はらやけむり絶にしすみがまに　灰のみ白くのこる泡雪

の「灰のみ白くのこる」などは写実味がある。

ぬるみ行《く》苗しろ水の中よどに　よどむまもなくかはづ鳴なり

の上句にも苗しろ水がぬるんでゆく点をよんでいるのは、和泉の山村でながめた春の農村風景が写実的によまれているのである。

雁よかり花やはつらき月やうき　聞ふるさぬを何かへるらん

には清新な詞づかいが見えるが、これらには曽禰好忠《よしただ》の影響とも見えるものがある『漫吟集』巻六にも、「好忠が歌にうする丶とよめり。王維《おうい》が詩に紅蓮落故衣」などの題詞も見え、好忠の歌はよくよんでいる。

山陰はくれぬにくれてつ丶じはら　照れる岡べはいり日をぞつく

この歌にも山村の夕ぐれがよく写実的にうたわれているといってよい。むしろ玉葉風《ぎよくよう》に近いといえる。

夏の歌であるが、

あぢ村の遠《をち》よりあとのみなと田に　人こそさわげ早苗とる日は

はみなと田とあるから、山村の歌ではなく、難波のころの歌かと思われるが、下の句などに農村風景が写実風にうたわれている。

くもるだにうれしとおもひし夏の日の　ゆふたつ空に影ものこらず

なかぞらにゆふたつ雲はたゞよひて　日かげぞはやく峰にかへれる

の歌など写実のこまかさが見られる。

万葉の詞句をよんだ歌は、「とこしへに春秋ゆけや東路《あづまぢ》のおくにきこゆる西の山べは」「橘の陰ふむ道にしのべどもむかしぞいとど遠ざかりゆく」など存するが、表現は新古今風が多いといえる。しかしまた契沖の歌に写実的な点が多いのは『万葉集』の歌の影響と見られる。秋の歌では、

空の色は水よりすみて天の川　ほたるながるゝよひぞ涼しき

おほ空に秋風はやみ吹日すら　猶しかすがに霧たなびけり

などに清新な写実を認めることが出来る。冬の歌で朝落葉という題の、

庭の霜軒の朝日にもみぢばの　よのまに散しほどはみえけり

には自然のこまかい観照が見え、夕落葉という題の、

はし近く独《り》ながむる夕暮に　庭もそとももちるこの葉かな

秋よりもこの葉のおつる夕風に　物のあはれぞいとゞ身にしむ

には抒情《じょじょう》の真実が見られる。残菊という題の、

霜がれのまがきの菊の翁《おきな》さび　色になるとも誰かとがめん

には藤原基俊の「翁さびゆく白菊の花」の影響があるかと見られる。また冬の歌に諏訪湖氷十首という題で十首の連作があるが、契沖が諏訪にいった記録は見えないから題詠ではあろうが、こういう題材で十首もまとめてよんでいることが注目される。

以上『漫吟集』の前半、四季の歌について若干の歌をあげつつその歌風にふれたが、歌風的には古今風から新古今風の間をいっているが、そういう伝統的歌風

のなかに、たとえば好忠を愛好しているような点が見え、それが八代集、特に新古今の歌風には見えない写実を重んずることにもなっている。新古今的な技法をもった歌にも幽玄というべき情趣が感じられないのは、万葉風の写実味があるからであろう。

契沖の万葉・古今・新古今歌風論

契沖は精撰本『万葉代匠記』に万葉・古今・後の集の歌風を比較して、『万葉集』は「高く大きなり。なりは奇怪ならず。心を入れず」とし、『古今集』は「高く大きなる点劣る。なりはや丶面白し。心あるさまにつくる」とし、後の集は、「なりをいかで作出《りいで》てしがなと巧む。心を附て景趣大《き》からむとする」と批評しており、『河社《かわやしろ》』にも『古今集』と『新古今集』とを、よむ歌とつくれる歌との相違であると評している。このようにして批評基準としては『万葉集』を重んじているる。彼の作品との間に矛盾があるようであるが、以上のように見てくると必ずしも矛盾ではないともいえるのである。述懐や雑の歌を見るとそのことが一層認められるのである。

花紅葉その錦にもたちよらじ　いなく我は世すて人なり
いかでわれ昔の人に似てしがな　今の仏はたふとくもなし

これらを見てもそのことがいえるのである。

無常の歌あまた読ける中に

朝顔のしほれし花をはかなしと　夕露の身はおもふなりけり

（『林葉累塵集』巻十六）

この歌は無常感がうたわれている上に、しみじみとした情感が詞句に現われてすぐれた歌である。

真言宗の心をよめる

薄ぎりを月の光と見ぬことは　雲の梯《かけはし》えねばなりけり

（『林葉累塵集』巻十七）

題不知《しらず》

たびにしてふる里こひぬ人はあらじ　などかりの世に心とむらん

（『林葉累塵集』巻十七）

釈教歌というべき歌であるが、それとしてすぐれている。

幽径苔《のこけ》といふことを

紫の苔のほそみちうづもれて　ゆかりもとはぬ庭ぞふりゆく

（『林葉累塵集』巻十七）

『林葉累塵集』にある契沖の歌は、長流の撰になっただけにすぐれた歌が多い。長流は契沖の心を知り、歌の特質をもよく把握していたであろう。

四　義公と契沖

契沖が光圀から万葉集注釈の嘱《しょく》を受けたのはこの妙法寺住持になってから間も

なくであろう。元来水戸家では光圀が日本の歴史の精粋を明らかにするために、『大日本史』の編纂と『礼儀類典』の編纂とを企劃し、着々実行にうつしたのであるが、日本の古典の中でも『万葉集』の注釈の事業を企画している。これらの事業のために広く各地に資料を探索している。金沢の前田家の蒐《しゅう》集《しゅう》と異なって古写本そのものを集めるよりはそれを書写・校訂しているのは、蒐書が目的でなくこれらの書物の編纂に目的があったためであろう。『万葉集』についても彰考館に蔵するところを見ると、『四点万葉集』があるが、これは阿野本・中院本・飛鳥井本・紀州本の四本によって校合を加えたものである。そうして、阿野本・中院本・飛鳥井本は本文をも書写したものがある。さらに阿野本の巻二十の奥書には、「延宝五年二月日　正二位藤公業」とあり、中院本の巻一の条に、

右二十冊中院亜相通茂卿之家本也。不レ違二一字一を校正。通茂卿語曰、家本元八条智仁親王之家蔵也云。

とあり、巻二十の奥書にも「延宝戊午《ぼうご》歳、以二中院通茂卿本一点《てんず》レ之」とある。飛鳥井校本の巻二十の終りにも、

以二三本一校正。所謂細川藤孝本、飛鳥井雅章卿以二官本一所レ写之本、雅章卿以二諸本一所二校正一之本。

延宝戊午歳　京師新謄本

とあっていずれも延宝年間である。このころ水戸家の万葉研究の資料蒐集が行なわれていたのである。事に当ったのは清水宗川《そうせん》・山本春正らで、この二人は万葉の学書を校合し、天和二年五月、万葉の異本六部をもって校訂本を作っている。宗川は別に『改定万葉集』を撰した。『四点万葉集』も、宗川・春正らによってなされたのであろう。

そうして『万葉集』の注釈を行なうに当って、下河辺長流にその草稿を託したと見られる。長流にどうしてそれを書くようにすすめたかは、長流が『歌仙抄』

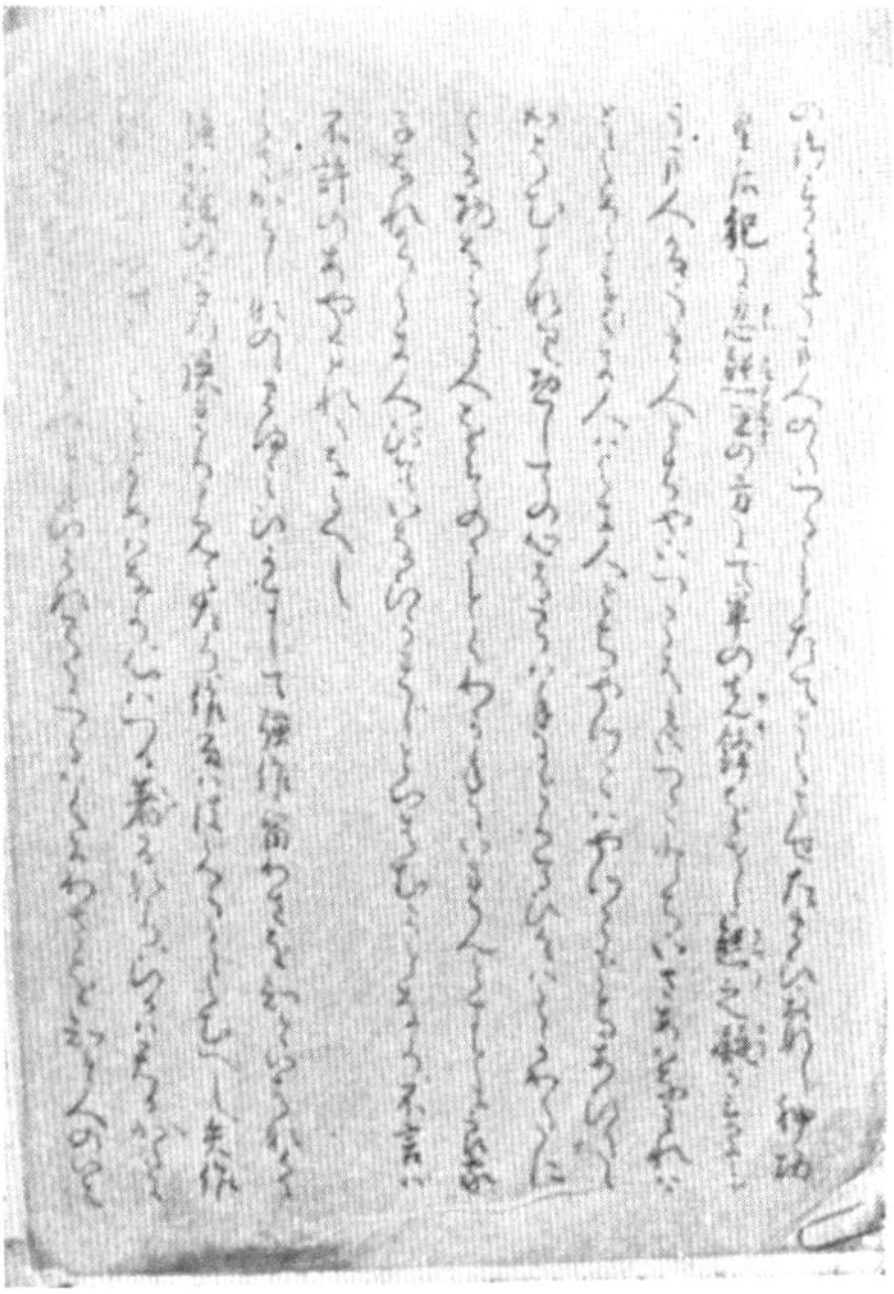
初稿本『万葉代匠記』

（万治二年ころ成る）・『二聖倭歌注』（寛文七年ころ成る）・『万葉集管見』（寛文初年ころ成る）その他の注があり、その名が知られていたためもあろう。また水戸家の

『万葉集』の注釈

中に長流を知る人があったとも推測される。『漫吟集』に、

長流がことを□《水戸》宰相につたへきゝ給ひ、ろくめいたるもの年ごとにたまふべきよしになりぬときゝて

住吉の松をあふぎて立よれば　つくばの山の蔭やかくさん

（巻二十、雑歌四）

とあるのは、水戸家から万葉研究を委託されて年々禄を賜わったことを示している。また『漫吟集』にはこの歌の前に「長流がいそぢになれるとし読てつかはしける」として、

今よりの君が杖よときる竹の　よにあまねくぞ跡はつくべき

の歌がある。『漫吟集』の歌は雑歌などは年代順に配列されている場合が多いから、それによると長流が『万葉集』の注を書くようになったのは延宝元年になる。大体それで矛盾しないから、そのころと見てよいであろう。しかし長流は次第に

中風のような病になり、その上、契沖のような勤勉でもなかったので注は容易に進まない。そのために親友として十分その学力を信頼している契沖を水戸家に推薦したのである。契沖の書いた『万葉集』の注釈書を『万葉代匠記』というのも、長流に代って書いたという意である。

契沖が病友の果さなかった仕事をひきうけて筆をとるようになったのは、長流に対する友情のためもあり、また学問に熱心な水戸家のすすめに報ゆるためもあったろうが、このころ契沖はそれまで蓄えた古典の深い造詣を万葉集注釈によって思うままに書き表わそうという情熱のために、執筆に喜んでたずさわることにもなったのであろう。

水戸家では安藤為章らによって契沖と交渉させた。為章は契沖の学力に推服して水戸家に仕えることをすすめ、その上で万葉集注釈を進めさせようとしたようである。しかしそのことを契沖は固辞したことは為章の書いた『行実』に、

光圀と契沖との関係

水戸侯源義公、方《まさに》撰《して》二万葉集纂註《を》一欲《す》レ致《さんと》二之府《を》下《に》一。固辞《して》不レ就。而感《じ》二公《の》志《に》一、
作《りて》二万葉代匠記二十巻総釈一巻《を》一上《たてまつる》レ之《を》。

とあるによって明らかである。仕えることを固辞したのは今さら仕官を欲しなかった点もあろうし、また前にあげたように契沖の祖父・伯父は秀吉の臣加藤清正に仕えた重臣であった点から、徳川家に仕えることをいさぎよしとしなかったためもあるかも知れない。そうして妙法寺住持としてその寺務の余暇をさいて注釈を行うに至ったのである。ただ仕えることを辞退したのでその注釈は水戸家の編纂する注釈書の素材という意味になったのである。

そうしてそれから契沖は『万葉集』の注釈に専念するのであるが、長流の病は次第に重って『代匠記』の完成を見ないで、貞享三年六十三歳（六十二歳という説もある）で歿する。それについては『漫吟集』（巻十二）のうちに、

貞享三年みな月のみかの日下河辺長流みまかりけるによめる

わたり河照日やしらぬみな月に　長き流もたえにしものを

はかなさの世のためしなる蟬だにも　秋待ほどを人ぞ声せぬ

とよんでいる。長かった二人の交わりを思い、契沖も深い悲傷の心をいだいたことが歌によっても感じられる。亡友を思いつつ『万葉代匠記』の稿は進められていったであろう。

五　『万葉代匠記』の成立

『万葉代匠記』の成立

ここで契沖の主著『万葉代匠記』についてのべておきたい。『代匠記』は、水戸家の嘱をうけて、長流に代って書いたものではあるが、契沖の多年の和・漢・仏書を研究した限りなく深い造詣がこの一書にこったとも見るべきであり、彼を永遠に伝えるべき著書である。その成立の過程やその伝本については前著『契沖伝』に詳しく書いたが、その要点をいうと、着手したのは天和三年四十四歳のころであったらしい。それから五年ほどかかって貞享四年のころに初稿本が成稿した。しかし初稿本を水戸家に上《たてまつ》ったところ、諸伝本との校訂を行なう点が十分でなかったので、水戸家で諸本を校訂した『四点万葉集』によって、これを補うことになった。この『四点万葉集』は彰考館に現存するが、それを契沖に供されたのである。契沖はそれを参考とし、本文を更に校訂し、注釈の方も再考を行ない書き改めて、精撰本を書きあげたのは元禄三年のことである。四年ほどかかっている。契沖も五十一歳になっている。このようにして約九年かかって初稿本と精撰本とを書きあげている。初稿本の自筆本の大部分は彰考館に存するが、その中若干が諸所に散っている。また精撰本の自筆本も水戸家に存する。初稿本は契沖の手許にある時、弟子の今井似閑《じかん》らが写した本などによって世に流布しているが、精撰本は水戸家に草稿をそのまま上ったままで世に流布しなかった。ただ後に塙保己一《はなわほきいち》の和学講談所で水戸家の蔵の精撰本を書写した写本があり、これによって明治以後、木村正辞《まさこと》博士が精撰本を刊行したが、それまでは世に流布しなかった。そうして『代匠記』が刊行されたのはこれが初めてである。江戸時代に春満《あずままろ》

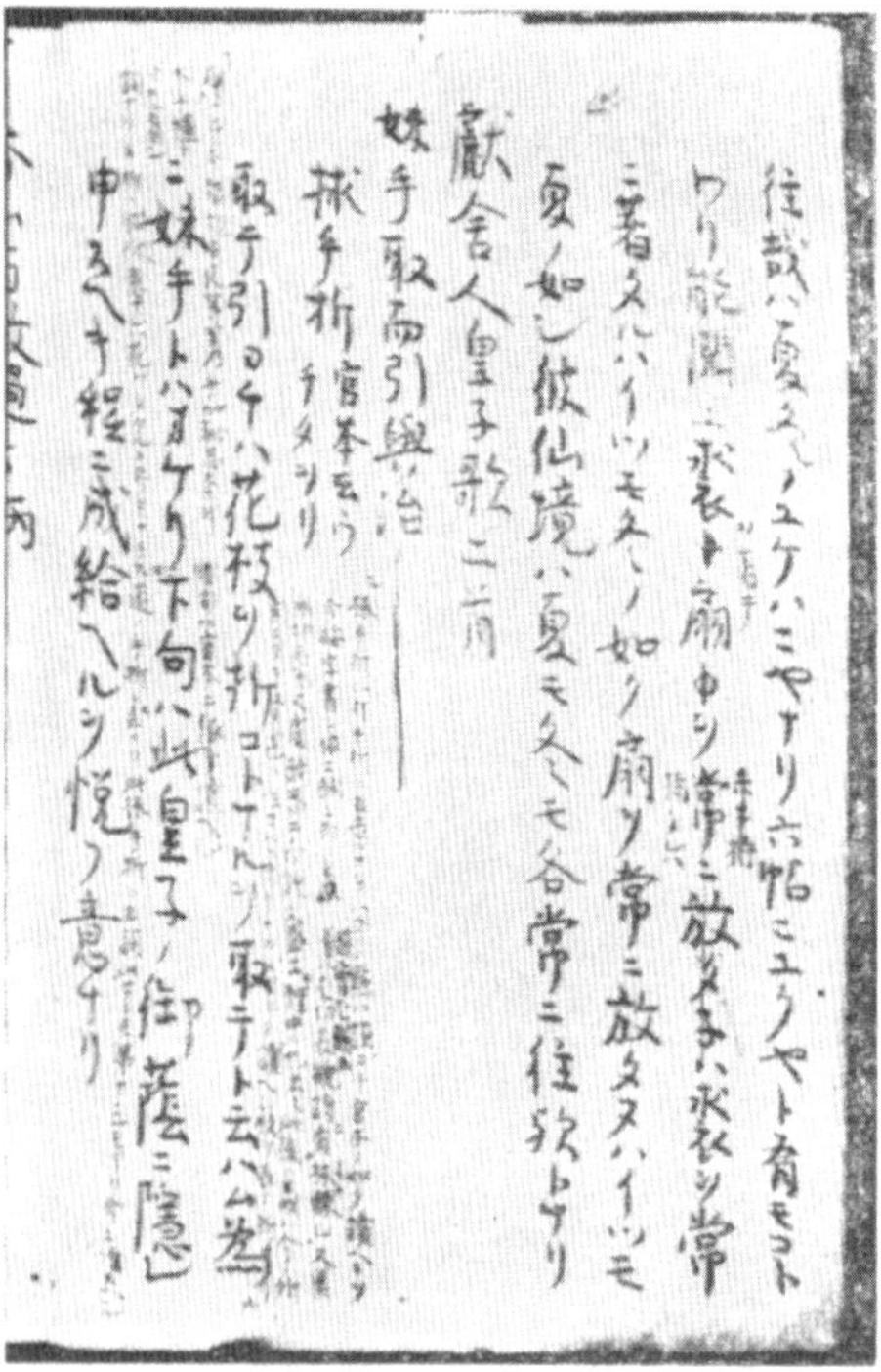

精撰本『万葉代匠記』
（彰考館蔵）

『代匠記』の初稿本と精撰本

はじめ諸家の見たのは初稿本であったのである。それも初稿本『代匠記』の伝写本が種々の系統にわかれるのは、書写の伝来を異にするためである。

『契沖伝』で私は『代匠記』初稿本の諸伝本を四つの系統にわけて、第一は彰考館にある契沖自筆本であり、第二は似閑本系統の初稿本であり、これに属する善本として京都賀茂別雷《わけいかずち》神社所蔵の『似閑本代匠記』をあげた。第三は流布本系統の初稿本であってこれは多く流布されているが、国会図書館蔵の枝直《えなお》（加藤）自筆本等はそれに属するとし、第四は若冲《じゃくちゅう》の跋のある初稿本であって、竹《ちく》柏園《はくえん》蔵の一本があるとした。これは現在でも改める必要はないと思っているが、第一の彰考館蔵の自筆本は巻一・巻四・巻五・巻六・巻七・巻八・巻九・巻十上下・巻十一上下・巻十二・巻十三・巻十四・巻十五・巻十七・巻十八・巻十九の十八冊が存しており、巻十六は竹柏園に蔵されている。巻二は断片が諸所に存しており、私も一葉を存している。自筆本である上に、流布本にない訂正などもあり、最も信頼される本である。似閑本は、総釈一冊・枕詞一冊・本文注釈二十六冊で、全部で二十八冊であり、全部そろっている上に、本文も自筆本のほかでは若冲本とともに注目される。奥書によると宝永元年甲申《こうしん》中秋に筆を染め、同四年丁亥《ていがい》二月七日に成功を遂げたとし、洛東隠士見牛《けんぎゅう》とあり、似閑自ら写している。若冲の跋のある本は、総釈・枕詞・本文の注釈、合せて三十冊であるが、第十五冊がかけている。第三十冊の終りに、

元禄九年甲子《こうし》九月十七日、校讐《こうしゆうし》了《おわんぬ》。

密乗之契沖本以写レ之。　性実

とあって、元禄九年以前に書写したものに校讐を加えたようであるが、更に数行を隔てて、

此万葉二十巻者《は》故円珠庵契沖律師似二正本一令《しめ》二書入一校合再治者也。于レ時《ときに》宝永二年八月八日筆取初、三年十月二十四日筆留止了。

桑門理元

とあるから、契沖の手許においてあった本に元禄九年の契沖講義によって校讐したものを理元が書写し、更に書入れ校合を加えたものであるらしい。その後に若沖の長い跋があるが、享保十一年首夏初日、海北若沖《じゃくちゅう》の日附がある。それによると円珠庵所蔵の『万葉集』一帙二十巻は、契沖が平生用意した手沢《しゅたく》本であったが、門人の細見成信が借りていた間に甲辰《こうしん》（享保九年）の年の火事で焼失した。悲んでいる中に三年すぎて、書肇に契真の書写した古本を見つけてそれを円珠庵に寄せたが、その時若沖が跋文を記したとある。理元は契沖の跡をついで契真といったと見られるから、理元が書写したというのも理解される。ただこの本は他の初稿本『代匠記』と異なって『万葉集』の本文があり、かつ『万葉集』の流布《るふ》刊本にある仙覚や寂印成俊等の奥書もあるから、『万葉集』の校訂・書入れを行なった本を写したと見られる。その上で『代匠記』の本文を写したのであろう。似閑本が初校本の本文を忠実に写した本とすれば、若沖本は契沖の校訂・書入れをも加えた本として価値がある、流布本系統の本は似閑本系統と大体同じであるが、本によっては脱落が極めて多い本がある。そうして似閑本系統によって脱落を補った脱漏五冊もあり、脱漏の終りに奚疑《けいぎ》主人の跋があるのは奚疑主人が補ったのであろう。その跋文によって『代匠記』流布の径路も知られるのである。『代匠記』は約九年かかって初稿・精撰の両者が書きあげられたが、契沖は初稿本も精撰本もその自筆稿本は水戸家に上ってしまったらしい。それが元禄三年ごろである。

『万葉集』の校本

そうして契沖は初稿本を書いた後、『四点万葉集』等を参考として精撰本にとりかかる前後に校本を作っている。上賀茂文庫に契沖の作った『万葉集』の校本二十巻が蔵せられているが、それには奥書に、

元禄二年己巳《きし》四月十九日、校讎了《こうしゅうしおわんぬ》。　密乗末資契沖

とある。この時に校本を作ったであろう。それは水戸家から四点本等を借りたの

で、それにもとづいて校訂を行なったのである。なおこの本にも、

元禄九年五月十二日開筵《かいえん》、同九月十八日終。

とあって、この年に行なわれた万葉講義の説も書入れていったのであろう。

元禄十三年庚辰九月九日書入畢。積《むこと》レ功《を》四二年《なり》于此《ここに》一。

とあるのは、似閑がその講義の説を書入れていったのである。そうして契沖自身も死ぬまで万葉研究をつづけていったのであり、『万葉集』について『代匠記』を補うべき説を得ると、水戸家に書き送っている。それが『契沖雑考』三帖十三軸として彰考館に蔵されている。多くは板垣宗膽《そうたん》宛になっているが、伴《ばん》五百《いほ》右衛《えも》門《ん》宛になっているのもある。『古今六帖』その他多くの文献を読んでその結果得た説もある。この『雑考』には朱もしくは墨で「朱書取レ之」「写了」「書入了」等と書いてあるのは、水戸家に蔵する『精撰本万葉代匠記』にその説を書入れたか、未だ書入れてないかを示したもので、『精撰本代匠記』と比較して見ると、

書入了とあるのは書入れてある。

このようにして契沖は生涯かかって『万葉集』の注釈の完成に力をそそいでいるのである。

『万葉代匠記』の内容及び特質

『万葉代匠記』は契沖の学問を代表するものであって、他の著書は『代匠記』の余材といってもよいほどである。そうして初稿本と精撰本とは単に校訂等の増補を行なったのみでなく、本文をもすべて書き改めており、初稿本にある歌の批判を削って、新しく解釈の新説が書かれている。これだけの業績をあげることによって万葉研究史の上でも一時期を画することになったのである。二十巻すべての注釈のほかに総釈と枕詞とがあるが、いずれの部分も従来出た『万葉集』の注釈に比べて大きな相違がある。契沖以前の注釈を古注というのに対して新注といわれるのも、それまでの注釈が師説をただ受け伝えているに対して、契沖の注釈はそれにとらわれず、新しく作品の本文を見直して独自の解釈を行なっている。もとより契沖はそれ以前の説を引くこと多く、殊に初稿本では長流の説を多く引いているが、それは精撰本では多く削っている。顕昭《けんしょう》や仙覚《せんがく》の説は多く引用している。そのほかでは『万葉集』には『古今集』や『伊勢物語』や『源氏物語』のようにそれまでの注釈も多くないので、契沖の説を多く出すことにもなったのであろう。その上で契沖の注釈の特色は文献学的・実証的という点にある。それには契沖の和泉山村における和漢書を読みふけったことが大いに役立っている。そうして僧侶であり、仏典を渉猟《しょうりょう》し悉曇《しったん》に通じたことも博識の理由となったのみでなく、方法の上にも仙覚の道理と文証という方法をうけつぐことになっている。『代匠記』の中でも万葉巻五の如きは契沖によってはじめて多くの出典をあげ得たといえるし、近世を通じて契沖以上に出典を挙げ得たものは極めて少ない。この実証的ということは水戸家の校本を見得たために精撰本に至って一層顕著になっていることはいうまでもない。文献そのものにより所を求めるということはそれ以後の近世国学の方法としてうけつがれてゆくが、契沖はその点で近世国学の先駆となり得たのである。契沖の『万葉集』を大伴家持《やかもち》の私撰とする説も、巻十七以下の四巻が家持の撰であることを実証的に明らめ、それを『万葉集』全体に及ぼしたのである。

六　その他の著述

契沖は妙法寺住持の時代に、歌集『延宝集』の撰と『万葉代匠記』の著述を行なっているのであるが、このほかにも若干の小著を書いている。『正字類音集覧』は和泉の山村時代に書いたと見られるが貞享二年の『正語仮字篇』、貞享二年の『源偶篇』、貞享四年の『詞草正採鈔』などはこの時期に成っている。『正語仮字篇』は大阪殿村家に自筆稿本があるが、伊呂波四十七字の種々の漢字を挙げて、伊呂波順に配列してある。「貞享二年五月十二日記レ之」とある。この『正語仮字

『正語仮字篇』

『和字正韻』

篇』を更に詳密にした『和字正韻』は名古屋の関戸家に自筆稿本があるが、万葉仮名をいろは順に配列して直音・拗《よう》音・清音・濁音・和音等に分類し、漢音には平上去入《ひょうじょうきょにゅう》の四声をも記してある。この書は奥に「元禄四年未《ひつじ》三月日記ㇾ之」とあるから、円珠庵に隠棲してから書いたのであるが、『正字類音集覧』以来契沖は万葉仮名の用字に関心をもっている。これは歴史的仮名遣の端緒にもなっているし、また研究を進めてゆけば、本居宣長に至って気づいた特殊仮名遣の問題も、契沖によって萠芽が見られたかも知れない。

『詞草正採鈔』

また『詞草正採鈔』は大阪殿村家に自筆稿本二冊が蔵せられている。神祇・天象・地理・時令・人倫・人事・身体・宮室・器用・動植・声色・通用にわけて、枕詞をその係る語から引くようにしてその解釈をなしている。ただこの書は契沖の著ではなく、他人の著を写したとする説もあるが、奥に、

貞享四年三月日、思ふにまかせ言葉を集め、『詞草正採鈔』と名づく。草庵

北窓に筆をとる。
契　沖

『源偶篇』とあって、言葉を集めたのは契沖であるように見られる。『源偶篇』は殿村家に自筆稿本の前半、関戸家に後半が存し、それを併せて『契沖全集』に収めてある。源語の簡単な語彙《ごい》集であるが、奥に、

源氏の詞を見安くしてうひまなびの便《たより》ともなん。

貞享二年三月　日　　契沖記

とある。

このように二―三の著もあるが、それは『代匠記』を書くための資料の整理であって、すべての力が『代匠記』の完成にささげられている。

妙法寺住持時代に契沖は師丰定《かいじょう》に死別したのみならず、親友長流も歿している。貞享元年に『妙法寺記』を書いたのは寺を退く心構えであったとも見られるが、

母の死

母を養うためには住持を退くことも出来なかったであろう。また契沖は栄海僧正のなした『釈教三十六人歌仙集』に貞享三年秋八月に奥書を書いており、元禄二年四月三日には『色葉和難集』の奥書を書いているが、その中に水戸家の貴命によって『万葉代匠記』を撰し、その草案を献じた時に、更に余義を盡すべき貴命があり、その時に下し賜うた新写本とあるから精撰本を書くために参考にしたのである。

元禄三年一月には母が歿しているが、それを機に妙法寺住持を退くべき心を決し、寺を如海にゆずって円珠庵に隠棲することになった。この年、契沖はすでに五十一歳になっておる。母を養う責任もはたし、光圀に対する『万葉集』注釈の仕事も終り、心おきなく隠棲することになったのであろう。

第六 隠棲時代

——円珠庵時代——

一 円珠庵に隠棲

円珠庵に隠棲

契沖が円珠庵（大阪市天王寺区空清町）に隠棲した年代はそれほどはっきりしないが、元禄三年五十一歳のころであろう。それはこの年の一月に母が歿して母を養う責任がなくなったこと、また彼の主著になった『万葉代匠記』の精撰本もこの年で一応完成していることからいっても、この年に隠棲したと見たい。そうして弟子の如海に妙法寺を譲って、高津《こうづ》の円珠庵に退いた。それには知友も種々世話をし、和泉の伏屋長左衛門は万町の伏屋家で契沖のいた養寿庵をそのままうつして円珠庵とし

養寿庵を移す

たのである。このことは記録を見ても知られる。また土地は天和元年六月に百姓太郎左衛門寄附と円珠庵の記録にあると宇田川文海が『阿闍梨契沖』（喜寿記念）にのべている。そのころから隠退の意志を示したのであろう。

円珠庵時代の経済

　もとより円珠庵に隠退した契沖に生活の資とすべきものがあったのではない。一人の生活にしてもそれだけの収入はいるのである。それには契沖の弟子にあたる今井似閑や海北若冲《じゃくちゅう》らの人々の束脩《そくしゅう》というべきものもあったかも知れないし、

円珠庵記念館

これらの人々に『万葉集』の講義を元禄九年のころには行なっているのも、契沖が弟子の好意に応《こた》えるためもあったであろう。それとともに水戸の光圀から生活の援助を得ていたのである。『万葉代匠記』を完成した時に賜わった白銀千両・絹三十四は貧民に与えたとあるが、しかし生活の資は光圀から常に与えられていたらしい。『漫吟集』の中に紙や衣食の料を契沖が光圀に求めた歌がある。

□《水戸の》中納言殿にみうちの人に付て衣食料をこふとて

やくと見て思ひの家を厭ふ身も　けぶりたえてはすむかたもなし（巻二十）

とあるのもそれであり、「彼国の紙・海苔などたまはりて」としてよんだ歌も二首それに接して見えている。

ゆふかくる心に過てつくばねの　しげきはかみのめぐみなりけり

けふぞ知るなさかの海にゐるかもの　玉もにあそぶ春の心は

こういう歌を見ると、衣食のためには契沖も心をなやましていたことが知られ

る。遺言状にも、

水戸様より毎年被レ下候飯料、早々何も寄合返納可レ給候。元来申請候事野僧非ニ本意一常に存候へ共、無レ力蒙ニ御恩一候。

とある。母は無くなったが兄如水も晩年は契沖のそばにいて筆耕していたが、兄弟二人の生活はこのようにして支えられたのである。如水の筆蹟は契沖によく似ており、『勢語《せいご》臆断《おくだん》』の板下《はんした》など如水の筆になるものと見られる。最近の古書展に契沖自筆とある『実方集』があったか、如水の筆蹟らしくも見られた。

著述生活

このように生活は苦しかったが、円珠庵に隠棲後は俗務に煩らわされることもなく、ひたすら研究に没頭することが出来た。それで元禄十四年一月に歿するまで約十年は著述時代ともいうことが出来るのである。この時期には『万葉代匠記』のような大著はなさなかったが、万葉研究によって確立した古典研究の方法を自由に駆使して多くの古典の注釈を行ない、また語学的には『代匠記』の総論でその片鱗を示している歴史的仮名遣をこの時期にまとめて当時の学界に大きな反響を与えたのである。それらについて述べてゆきたい。

なお南木芳太郎氏の紹介した資料によると、曼陀羅院に元禄八年の契沖の印判があるとのことである。元禄八年に契沖は曼陀羅院を兼摂していたのであろうか。

二　古典注釈書の執筆

『十三代集略』

元禄四年になった契沖の著述を見ると、正月二十一日に『十三代集略』を写し了っているのは、二十一代集のうち『古今集』から、『新古今集』に至る八代集につづいて『新勅撰集』以下の勅撰集を読んで抄出したのである。ただ東京大学国語研究室本（今は大震災にて焼失）には奥書に「十八代集要略」とあるのは、『後拾遺集』から『新古今集』までを除いたために十三代集となったのであろうか。

更に四月には『古今和歌六帖』の本文を刊行しているのは、『万葉集』と『古今集』との歌を側面から見ようとしたといえる。そうして八月には、記紀歌謡を注して『厚顔抄《こうがんしょう》』と名づけている。

『厚顔抄』

記紀歌謡は『代匠記』を著わす時始終とり扱っていたのでまずその注釈を試みたのである。もとより記紀歌謡については『釈日本紀』にこれだけを離して注しているが、まだ未開拓の点が多いので注解を試みたのである。それだけに契沖の注にも未熟な解も存するが、これに着手して一書をなしたのは注目される。

『厚顔抄』は彰考館蔵の写本には古万葉集とあるので、そのような意識で扱ったのである。記紀歌謡は契沖が近世においてまず先鞭《せんべん》をつけてから荒木田久老《ひさおゆ》や橘守部がこれの注釈を書いて進展を見せているが、契沖の功績は忘れるべきではない。

『古今余材抄』

なおお契沖の『古今集』の注釈である『古今余材抄』もこの年に完成して奥書を書いている。熊本の河島氏蔵の契沖自筆本、巻一には「元禄四年六月下旬、一校了」とあり、巻十には「元禄四年八月廿二日、一校了」とあるので、六月から八月にかけて一校したことがわかる。それだけに書きあげたのは六月以前ということになる。そうすると『余材抄』を書いたのは『厚顔抄』より前ということになる。京都上賀茂文庫蔵『古今余材抄』の奥書には元禄五年八月廿五日の日附があるが、その中に、『古今余材抄』廿巻は先年これを撰したが、草稿汚穢で自分でも読めないので、老兄如水に誂《あつら》えて書いてもらい、去年それが終ったとある。これによれば、『余材抄』の初稿は元禄四年以前にさかのぼると見られる。また

『勢語臆断』

『伊勢物語』の注釈である『勢語臆断』も上賀茂文庫や円珠庵に蔵する写本には元禄五年九月初三の奥書がある。しかしそれにも、『勢語臆断』は先年草したが稿本が汚穢で自分でも読めないので老兄如水に託して写してもらった。それを近日暇《いとま》を得て一校して改め正したとある。

更に百人一首の注釈である『百人一首改観抄』にも、上賀茂文庫や円珠庵に蔵

『百人一首改観抄』

する写本に元禄五年六月の契沖の跋があるから、これまでには書きあげていたのである。契沖の『改観抄』は下河辺長流の『百人一首三奥抄』によっている所が

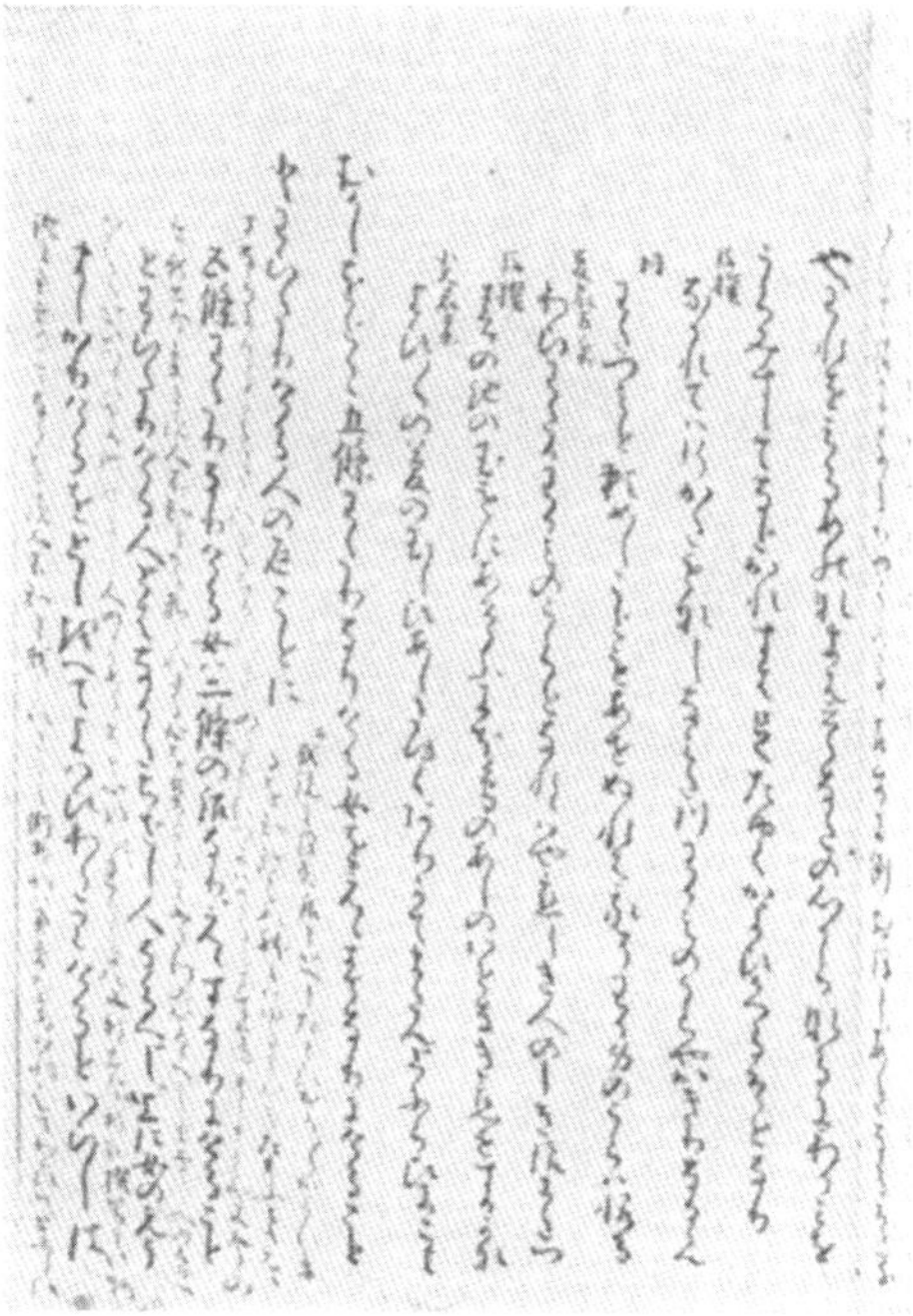

『勢語臆断』(円珠庵蔵)

多いことは『契沖伝』にも説いたことがある。

このように見ると『古今集』と『伊勢物語』と百人一首との注は『代匠記』を書いていているころに書いていたと見られる。百人一首は長流の著による所が多いのを見ると、早く書いたものとも見られる。それについで『古今余材抄』と『勢語臆断』とを書いたのであろう。

ただ元禄四―五年にこのように如水に清書させ一校しているのは、『代匠記』を完成したので、今まで草稿のままであったのを清書したり校正して完成させたのである。『百人一首』『古今集』『伊勢物語』という旧注の多くある古典の注釈を完成させるとともに、新しく記紀歌謡の注釈を執筆したのである。それとともに十三代集や古今六帖などにも視野を広げていったのである。元禄四―五年は『代匠記』以外の主な注釈書の執筆完成時代というべきである。

もとよりそれ以後も契沖は注釈書を書いている。主なものを挙げても元禄九年

『源注拾遺』

五十七歳の時に『源氏物語』の注釈である『源注拾遺』を書いている。『源注拾遺』の総論には「もののあはれ」論ともいうべき立場から『源氏物語』を批評しており、批評的研究としても注目される。その他契沖には自筆書入れの『源氏物語』がある。『拾遺集』の簡単な注である『拾遺集考要』もこのころ成っている。

『後拾遺集難評』『新勅撰集抄』

元禄十年八月五十八歳の時には『後拾遺集難評』が成っているし、元禄十二年六十歳の時には『新勅撰集抄』が成っている。ただ『源注拾遺』以降の注釈は文学批評的方面にも力を注いでいる。その点では元禄四-五年まで、を注釈が主に行なわれた年代とすることが出来るのである。

『新勅撰集抄』は抄釈であり、注よりも批評が主になっている。これは『源注拾遺』の総説に『源氏物語』を批評して「もののあはれ」的な立場で『源氏物語』を理解しようとしているのをうけて、『新勅撰集』の批評を主としている。そうして批評態度は『万葉代匠記』の総釈には仏教的批評態度がまだ見られるが、

『源注拾遺』になると主情的な点が主になり、文学的になっている。

三　本文校訂と書入れ

契沖は注釈書といふべきもののほかに多くの古典の書写や校合や書入れを行なっている。その範囲が極めて広く契沖のころはもとより、それ以後、近世を通じて殆んど研究されず、大正・昭和になってその研究が盛んになった古典や作品をも契沖は書写している。『かげろふ日記』や『堤中納言物語』などはその著しいものである。『かげろふ日記』は契沖の自筆書入本が彰考館に蔵せられ、その他にも契沖の書入れを有する写本は多い。彰考館本第一冊の終りに、

『かげろふ日記』書入れ

注異者今賜ㇾ借水戸中納言光圀卿御本ㇾ対校而注者也。

元禄九年四月十一日　契沖

とあり、第三冊終りには四月十四日とあるから、この年に対校したことがわかる。

ちょうど『源注拾遺』を書いた年である。『蜻蛉日記《かげろふにっき》』には松下見林《けんりん》本もあるが、古い写本はない。本文批評では契沖の『蜻蛉日記』校訂が時期を画することは次第に明らかになって来た。吉川理吉氏の「かけろふの日記の本に就いて」（『国語国文』昭和十一年十月）も契沖校注以前のものと以後のものとにわけており、その説は今日でも行なわれている。契沖のすぐれた見識を見ることが出来る。

『堤中納言物語』書入れ

そのことは『堤中納言物語』においても同様である。昭和のはじめに契沖の書入れのある『堤中納言物語』を熊本の河島氏の蔵本の中から見出して『校注堤中納言物語』に収めたが、それには書写年月は無かったので、契沖が何年ごろ書入れを行なったかはわからないが、この物語を契沖が注目したことは大きな意義がある。『堤中納言物語』は近世では注釈もなされることなく、明治三十年代に藤岡作太郎氏がこの物語を東京大学で講じた時の書入本があるが、その後も研究されず、昭和年代に入ってからその研究は進み、作品価値も『蜻蛉日記』とともに認められた。『蜻蛉日記』はすぐれた日記文学として、『堤中納言物語』はすぐれた短篇小説として認められた。ここにも契沖のすぐれた眼識を見ることが出来る。

『古今和歌六帖』

『古今和歌六帖』の書写を行なったことは前にのべたが、『新撰万葉集』（『菅家万葉集』）の校訂を行ない、これを刊行したのも契沖であるらしい。「元禄九丙子年三月吉旦」とある刊本は『首書新撰菅家万葉集』とあり、だれが校訂を行なったとも記してないが、序文を見る

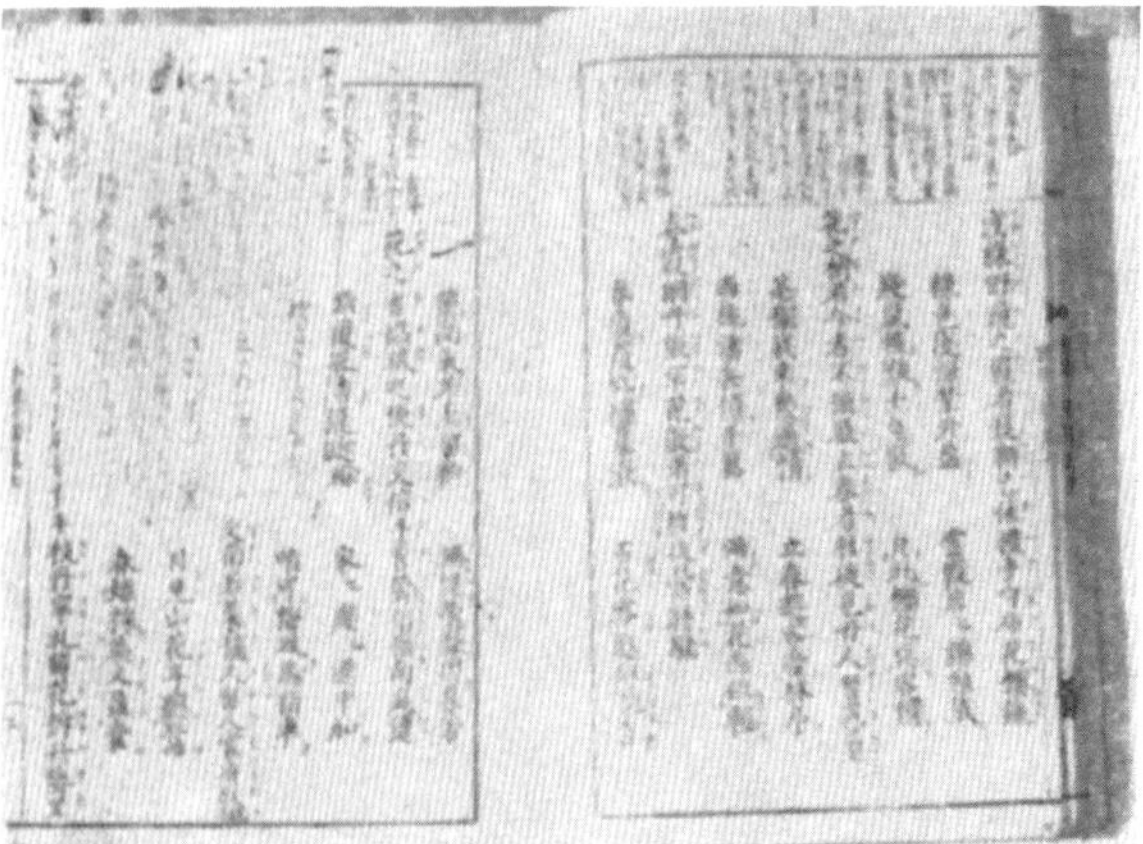

『新撰万葉集』（彰考館蔵）

『新撰万葉集』

と契沖と推定される。『新撰万葉集』は現在では『寛平后宮《きさいのみや》歌合』などの歌合の歌の左右を上下にわけて二巻の撰集とし、和歌と漢詩とを併せて平安初期の漢詩から和歌への過渡的形態を示していることも明らかになったが、それらのことはすでに契沖はある程度気付いていたようである。

『現報善悪日本霊異記』

また『現報善悪日本霊異記《りょういき》』を契沖は元禄十二年六十歳の時に校合した本が上賀茂文庫に蔵されている。その跋によると、契沖もその名を久しく聞いて見るを得なかったが、今年（元禄十二年）になって今井似閑が一本を得て謄写した。その後、松下見林翁の本を借りて契沖に対校を請うたので、校合し誤脱を訂したとある。『霊異記』は近世末になって狩谷《かりや》棭斎《えきさい》が校注を作ったが、その研究は昭和に至って盛んになっている。『霊異記』研究における契沖の功績は大きいのである。契沖自筆の『日本霊異記』の一幅が近く現われたという。また『日本紀竟宴和歌』も契沖が元禄十二年から十三年にかけて手がけている。上賀茂文庫蔵本には元禄十二年秋九月書したとあるが、巻尾には元禄十三年二月の契沖の長い跋があってその子細がわかる。鎌倉中書王真跡本が肥後国熊本の本妙寺にあり、それを契沖が臨模《りんも》して今井似閑に与えたとあるが、その中書王真跡本というのは現在本妙寺に蔵せられている。

『日本後紀』

その他契沖の書写校合した古典は極めて多い。六国史《りっこくし》についても『日本後紀』を水戸光圀の本をもって元禄五年に校している。『続日本紀要略』を元禄十一年二月に校合のついでに抄記し

『続日本紀要略』

『日本後紀』(彰考館蔵)

『三代実録要略』
漢詩集
『実方集』

ているし、『日本後記要略』を元禄十一年八月に写しており、『三代実録要略』も元禄十一年九月に写している。その年八月には『三代実録』中の『預《よ》密《みつ》抄』を書いている。漢詩集では元禄十年九月に『都《と》氏文集《しもんじゅう》』を松下見林に借りて人に写さしめ自分で校合しているし、元禄十一年には『凌雲《りょううん》集』や『経国《けいこく》集残篇』を書写校合をしている。元禄十年には『和歌三式』や『清輔《きよすけ》朝臣家集』を写している。近く契沖自筆の『実方集』が知られたが、このように見ると、契沖の書写校訂を加えた古典文学は極めて多いことが知られる。

仏典でも和泉の万町の生活から妙法寺住職になる間に、鬼住《おにずみ》その他の土地で数多くの『儀軌』の書写・校合を行なったことは前にのべた。

契沖の『万葉代匠記』その他に出典が極めて豊富なのは記憶力の強いことにもよろうが、常に新しい書籍を書写・校合したことの結集であろう。彼の随筆の『河社《かわやしろ》』や『円珠庵雑記』『円珠庵雑々記』などは古典籍を書写・校合した際の備忘録というべき性質が多いのである。

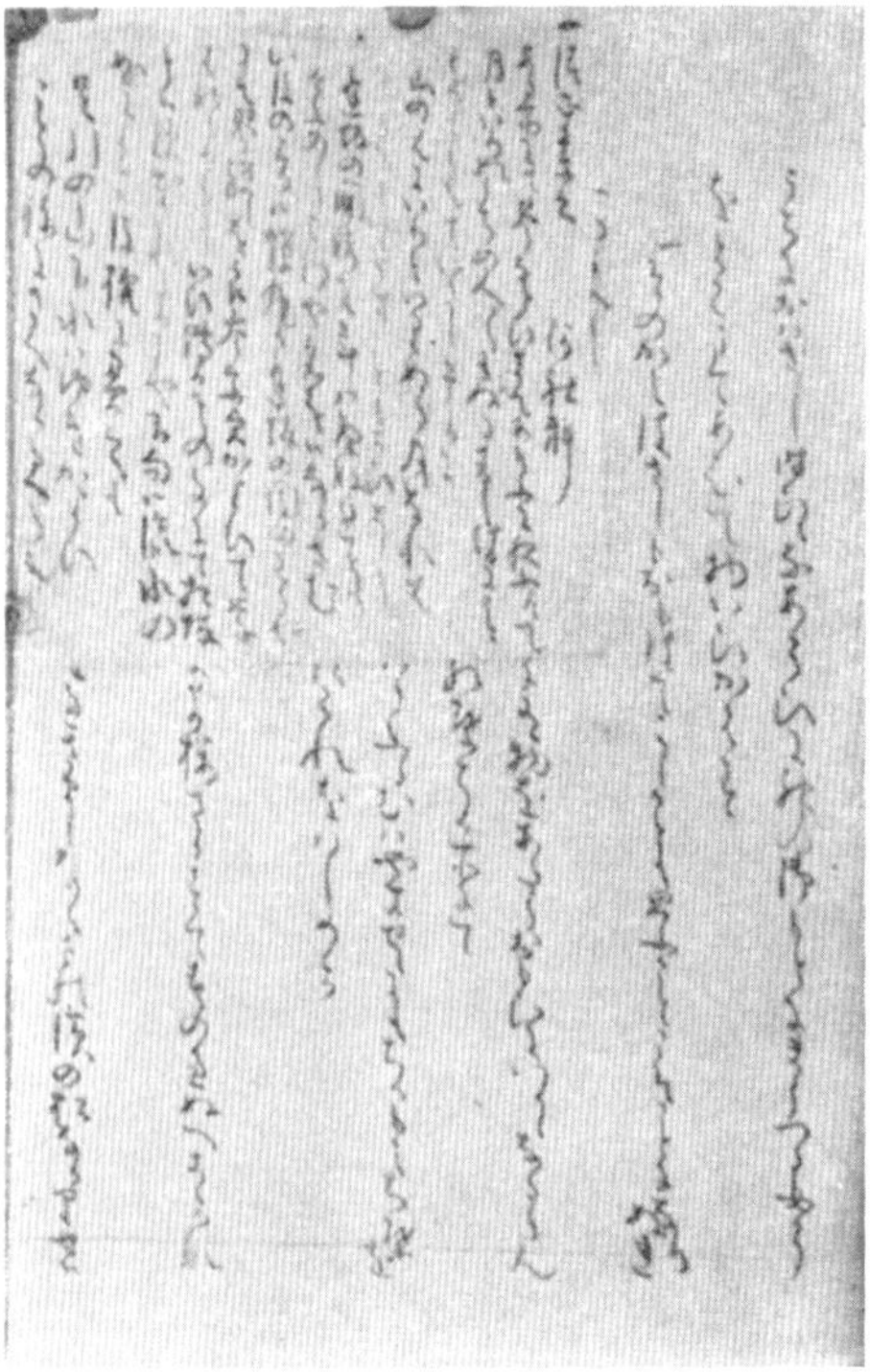

『河　社』稿　本

四　歴史的仮名遣

『正語仮字篇』

著述時代における契沖の業績では古典の注釈・書写・校合とならんで重要なのは、歴史的仮名遣を主張し、それを実証したことである。契沖は万葉仮名の用字について早くから注意していることは貞享二年二月に成った『正語仮字篇』や、延宝四年八月に成った『正字類音集覧』や、元禄四年になった『和字正韻』によって知られる。『正語仮字篇』では「イ」の万葉仮字《かな》を、以・伊・已・夷・移・怡・易・意・異・倚、「ロ」の仮字を、呂・路・侶・論・盧・爐・稜・楼・驢・廬・漏・露・鹵・婁・魯と挙げて、伊呂波四十七字に及んでいるが、『和字正韻』では字例を挙げるのみでなく、怡《い》は「拗《よう》音、今転《じて》呼《ぶ》二直言《に》一」と説明している。このようにして、万葉仮字の用字の調査から歴史的仮名遣の事実を知るに至ったのであろう。

『和字正濫鈔』

歴史的仮名遣についての第一著は元禄六年五十四歳の時刊行された『和字正濫抄』である。これに対しては多くの反響があり、殊に橘成員《しげかず》の『倭字古今通例全書』が契沖説に反対したので、それに反駁《はんばく》する意味で『和字正濫通妨抄』を書いた。『和字正濫鈔』は万葉集研究の結果として得た仮名遣観であって、万葉集時代に行なわれている仮名を広く集め、それが定家仮名遣に異なることを証明したのであり、仮名遣研究史の上で大きな意義を有する。契沖もこれに対して大いなる自信をもって世に問うたのであろう。契沖の著書のうちで署名して生前に刊行したのはこれだけである。それに対して成員が反対したので、契沖も無念やる方なく書いたのが『和字正濫通妨抄』である。

『和字正濫通妨抄』

これには「元禄十年八月朔畢《おわり》レ功《を》ヌ」とあるが、刊行されるに至らなかった。それで京都北野神社に自筆本のままで伝わったが、『契沖全集』ではじめて刊行された。更に契沖は字句のはげしい所を和らげ、また要略して成ったのが『和字

『和字正濫要略』

正濫要略』である。奥に「元禄十一年戊寅五月初八日　契沖」とある。この書も長く写本で伝えられたが、明治三十四年赤堀又次郎氏編『語学叢書』第一編に収め

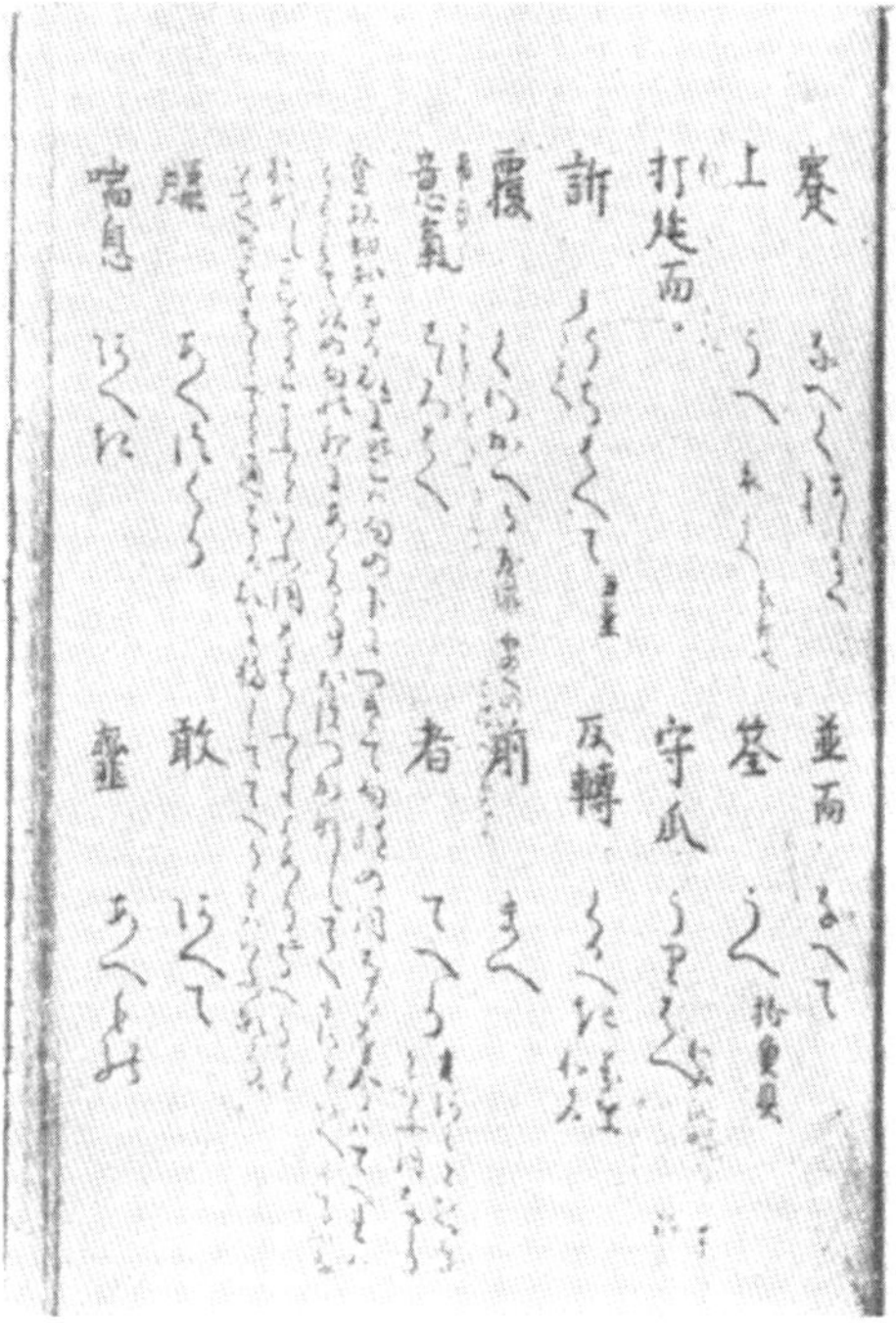

殿村家蔵『和字正濫抄』

て刊行されたのがはじめてである。写本には「寛永四年五月上旬一校畢《おわんぬ》」とあり、更に「于レ時《ときに》宝永六己丑正月、於二六波羅密寺辺一校書入畢。洛東隠士似閑《じかん》」とあり、契沖死後、門人今井似閑が校訂したことがわかる。

歴史的仮名遣の研究は契沖が万葉集の注釈を書いている中に気付いた点であり、総説にもすでに概要は出ているが、用例を豊富にして『和字正濫抄』をまとめてこれを刊行したのである。契沖は生前刊行した書物は極めて少ないのに、この『和字正濫抄』を刊行したのはそれだけ学説として自信を有したのであろう。それで反対説には敢然と応《こた》えたのである。『通妨抄』の筆鋒《ひっぽう》を見ると極めて鋭く、狂歌をもって相手をからかったりしている。この『通妨抄』は刊行せず、また後にはそれを要約した『和字正濫要略』を書いている。これは刊行の意志があったであろうが、そのままになってしまった。ただ『通妨抄』も自筆原稿が残ったのは契沖の学説を知るために幸いであった。『万葉集』その他から広く用例を集めて歴史的仮名遣を主張したのは『万葉代匠記』とならんで契沖の二大業績ともいわれるのは当然である。

もとより歴史的仮名遣に近い見解は『万葉集』の本文を写した成俊の跋にも見えており、定家仮名遣に反対して、『万葉集』その他に見える仮名遣によるべきを説いている。契沖も恐らくそれを見たであろうから、それにもとづいて広く用例を集め、その学説を主張したのであろう。ただ契沖の用例の蒐集は上代の文献のすべてにわたって広く行なわれ、文献学的成果としてすぐれている。それだけ歴史的仮名遣は契沖に至って確立せしめられたのであり、種々の反対論を破ってこれを学界に君臨せしめたのである。歴史的仮名遣は契沖の万葉研究から導き出された成果であるとともに文献学的方法から引き出されて来た一つの語学的結論でもあった。

契沖は歴史的仮名遣のほかに国語学的研究とすべきものがある。『円珠庵雑記』

には後半に語源について記してあるが常識的な語源説をいでない。たとえば「寺は丹青色をまじへて其光のてらす故に名付くるか」「大刀たち　断なり。物をたち

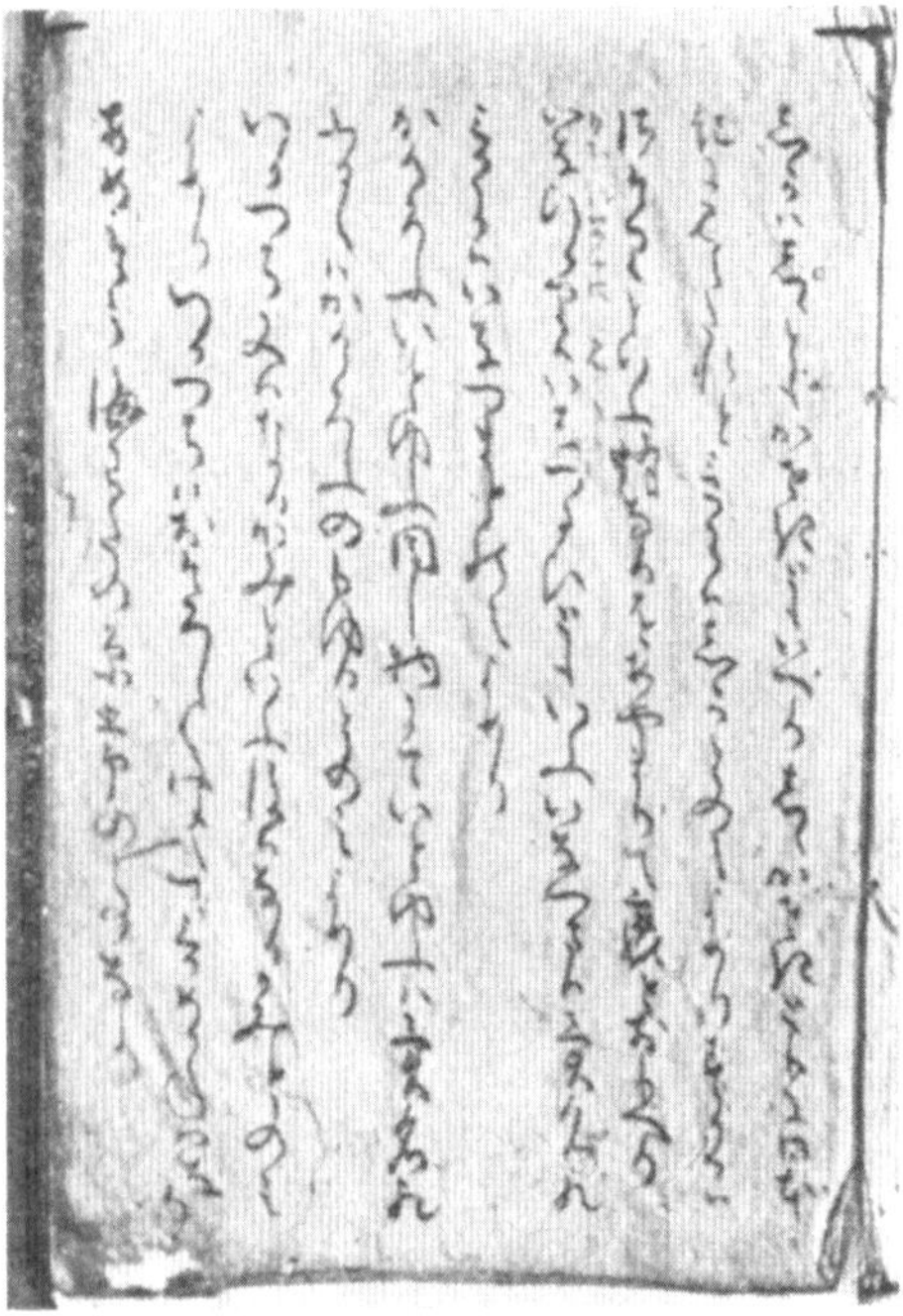

『円珠庵雑記』

きる故なり」「笠《かさ》　重なるといふ略か」「親《おや》　老なり」「父《かぞ》　数ふる意か」「竹《たけ》　高なり。木にもあらずして高き物なれば此名をおへり」というような

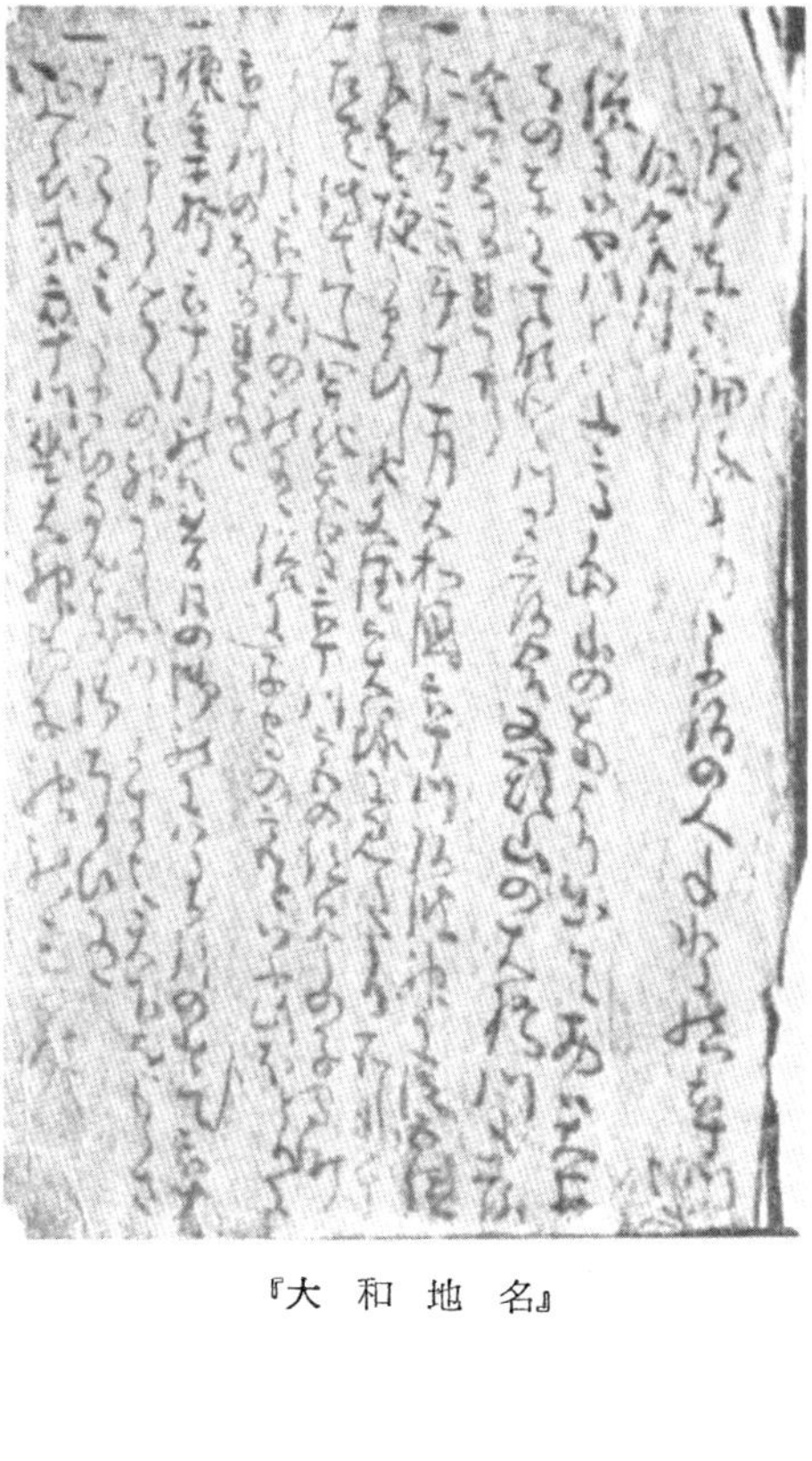
『大　和　地　名』

のはそれである。もとより仏については「勃駄《ぼっだ》を、旧訳には浮屠《ふと》といひければ、それに木計《け》をくはへて名付たるか」とあるなどは正しいであろうか。しかし「け」を「木」とし、貴人を木、賤しきを草にたとえたから、ほとけの「け」も「木」であるとするのは従い得ない。「社やしろ」を屋代から来ているとするのも正しい。

全体として契沖の語源説は音の類似から想像したのが多く、語史的な観察がなされていないのは歴史的仮名遣の場合と異なっている。文献学的な考察もあまりなされていないのは、当時としてはやむを得ないが、語源研究としては新井白石のそれに及ばないものがある。

『円珠庵雑記』は元禄十二年五月に成ったとあり、晩年の著であり、すでに語史的・文献学的な考証をなすには体力の衰えもあったのであろうか。

古代中・世の歌枕研究

歌枕は歌によみこまれる地名であるが、『万葉集』では歌人が地方に旅行して見た自然をよむ場合が主であった。しかるに平安時代になると自ら旅行しないで古歌によみこまれた地名をそのまま歌によむことが多くなった。そこでそういう古歌に見える地名を書きとめた書物も出来るようになった。『和名抄』には『万葉集』の地名が多く挙げてあるが、『奥義抄』などにも歌によまれた地名が多くあげてある。『和名抄』や『奥義抄』などは種々の語の記載があってその中に地名もあるのであるが、次第に歌によまれた地名のみを記した書物が作られる。『能因歌枕』などはそのはじめとすべきであろう。中世後期以降になるとこの種の書物が多くなる。『群書一覧』を見ても名所類として里村昌琢《しょうたく》の『類字名所和歌集』をはじめ三十九部を数えるが、このほかにも少なくない。こういう歌枕の研究は文学地理研究の出発と見るべきであって、今日では万葉研究の一分野になっている万葉地理もこういう歌枕研究から出発して、それらの地名の実地踏査に及んでいったのである。文学地理の研究としては実地踏査を第二段階として、更に地理や風土と文学との関係を考察する文学地理学、もしくは風土文芸学に発展して来ているが、歌枕研究はその出発をなしている。

『勝地吐懐篇』

そうして契沖も歌枕研究として数種の著述を行なっている。『勝地吐《しょうちと》懐《かい》篇』『類字名所補翼抄』『類字名所外集』『勝地通考目録』等があって歌枕研究の上に重要な位置を占めている。『勝地吐懐篇』は奥書に「元禄壬申歳三月草レ之」とあるから元禄五年に成っている。その序によって昌琢の『類字名所和歌集』についてその疑問の所を訂正し、かつ遺漏を拾ったものである。彰考館に契沖自筆本がある。寛政四年の刊本は伴蒿蹊《ばんこうけい》の増補したもので、自筆稿本とは異なる点がある。『勝地吐懐篇』にはほかに三巻本があり円珠庵に自筆本があるが、これは『類字名所和歌集』にもれた二十一代集の名所の歌を補っていろは順に配列してある。その奥に、

元禄九年九月六日、三巻抄出畢《おわんぬ》。先有二一巻一、合四巻草稿成訖《おわんぬ》。神通乗沙門

とあるので、両者併せて『勝地吐懐篇』は完成しているといえる。一巻本には『類字名所和歌集』の説を訂したとあるだけに契沖の新しい見解がある。それは『万葉代匠記』にも見える場合が多いが、それをまとめているのである。一例を挙げると、引馬野《ひくまの》に対しては遠江とあるが、『万葉集』巻一の、

　ひくま野ににほふ榛原《はりはら》入みだれ　衣にほはせ旅のしるしに

の歌をあげ、文徳紀に大宝二年十月に三河国に幸せむとして経過する尾張・美濃・伊勢・伊賀等の国郡司や百姓に位を叙し禄を賜うたこと、「十一月戊子、車駕至レ自二参河一」を挙げ、「これによれば引馬野は参河か」とある。そうしてこの時の歌五首の中に伊勢の円方《まどかた》などをよんだ歌があるから定め難いが、「先は三河にて、もしたがはばそれよりこなたなり。あなたにはあらず」とあるのは卓見である。真淵は遠江説をとっているが、契沖の考えは正しいであろう。また須佐《すさの》入江につい

ても摂津とする説をあげてあるが、これは『万葉集』巻十四、東歌《あずまうた》に、

あぢのすむすさの入江のこもりぬの　あないきづかし見ず久《ひさ》にして

とあるから「国未勘《みかん》なれども、東歌なれば摂津にはあらず」とあるのも正しい見解である。

『類字名所補翼抄』

『類字名所外集』

また『類字名所補翼抄』七巻は元禄十年四月に成り、円珠庵に自筆稿本がある。二十一代集にある名所について他の撰集・家集等に見える歌を集めてある。『類字名所外集』七巻は元禄十一年十一月に成り、同じく自筆稿本が円珠庵にある。二十一代集以外の名所の歌を撰集・家集等から集めたものである。『補翼抄』では引馬野の歌を万葉以外に『堀河百首』『拾遺愚草』『壬二集』からもあげてあるが、「三河」とある。すさの入江については『万葉集』の歌の外に、後鳥羽院・家隆・為家の歌をあげているが「未勘、東国」とある。『大和国地名類字』や『勝地通考目録』をあわせると、契沖の名所研究ははなはだつとめたということが出来るし、

年月も元禄五年から元禄十一年に及んでおる。晩年には名所研究も一つの研究課題であったといえる。ただ契沖の名所研究は中世の『類字名所和歌集』の正誤・増補という点から出発しており、すぐれた見解があるが、文献によってこれを行なっており、実地の踏査は行なっていない。二十一代集の名所が主になっており、それだけ歌枕として扱っているが、契沖はこれを補うに『万葉集』の地名を多くとりあげている。万葉の地名は実際の土地を歩いてそこでよんだ歌であるから文献だけでは十分でない点が生ずる。契沖の名所研究は今日の万葉地理から見れば不十分である点も多いが、中世以来の所伝に対して疑い、批判を行なっているのは『万葉代匠記』の態度と同様なものがある。

六　契沖の講義と死

円珠庵における隠棲の生活の間に契沖の古典研究は着々としてその成果を挙げ

ていった。元禄九年五月には今井似閑・海北若冲《じゃくちゅう》らにすすめられて『万葉集』の講義を行なっている。この時には和泉の伏屋《ふせや》重賢に書面を送ってその講義の聴講をすすめ、万葉研究においては第一人者との自信を示している。似閑《じかん》の『万葉代匠記書入本』もこの聴講の結果出来たが若冲の『万葉集師説』もこの聴講の筆記がもととなっている。この講義については上賀茂神社文庫にある契沖の本文批評を書入れた『万葉集』の奥書の一節に、

元禄九年五月十二日開二講筵一、同九月十八日終。

とあり、似閑本『万葉代匠記』にある似閑の序に、

予難波高津にまかりて、万葉集の講演を頻に望侍りしに、(中略)高弟岑柏《しんぱく》(海北若冲)をはじめ門友をあつめ、春霞たちかさなれる比《ころ》より秋風吹すさみ野山のすがたかはれるまでに功をとげ給ぬ。とし比《ごろ》のほい思とげぬるよろこばさのあまり、一言をだにもらさずきゝしまゝに書うつしぬ。

とあるから、九月までかかって終ったのである。恐らく契沖は『代匠記』以後思い得た新説などを講じたのであろう。そうして似閑や若冲がそれらの講義の書入れを完成したのは、上賀茂神社文庫の『万葉集』の奥書に、

元禄十三年庚辰九月九日書入畢、積レ功四二年于此《ここに》一。

とあることからも明らかであり、十三年九月十日になって若冲が主となって、万葉集竟宴《きょうえん》も行なわれている。そうして契沖は元禄十二年六十歳に達したが、元禄十三年の十月十八日に今井似閑が主となって竟宴をもかねて六十賀が行なわれている。

六十賀の宴

この賀宴には契沖の門下その他周囲の人々が集って契沖の漸く衰えてゆく健康をもいたわったのであろう。今井似閑が、

いくばくのむそぢならぬをわすれつゝ　ことしいはふぞはかなかりける

とよむと、契沖はかへしとして、

はかなしときくに
て知りぬ老い死な
ぬ　法《のり》の身われや
この世にてえむ

とよんでいる。老い死なぬ法身をえむ願いをよんでいるのである。その他、沙門如海・沙門智瑛・侍者僧理元・医者小田意徳・入道日下《くさか》目性・岑柏《しんぱく》・保道・直房がそれぞれ歌をよんでいる。

『日本紀竟宴和歌』

契沖はこの年の二月に熊本本妙寺に「鎌倉中書王真跡」とある『日本紀竟宴和歌』があるのを知って臨模《りんも》しているし、契沖の最後の著述ともいうべき『謌女名《かじょめい》

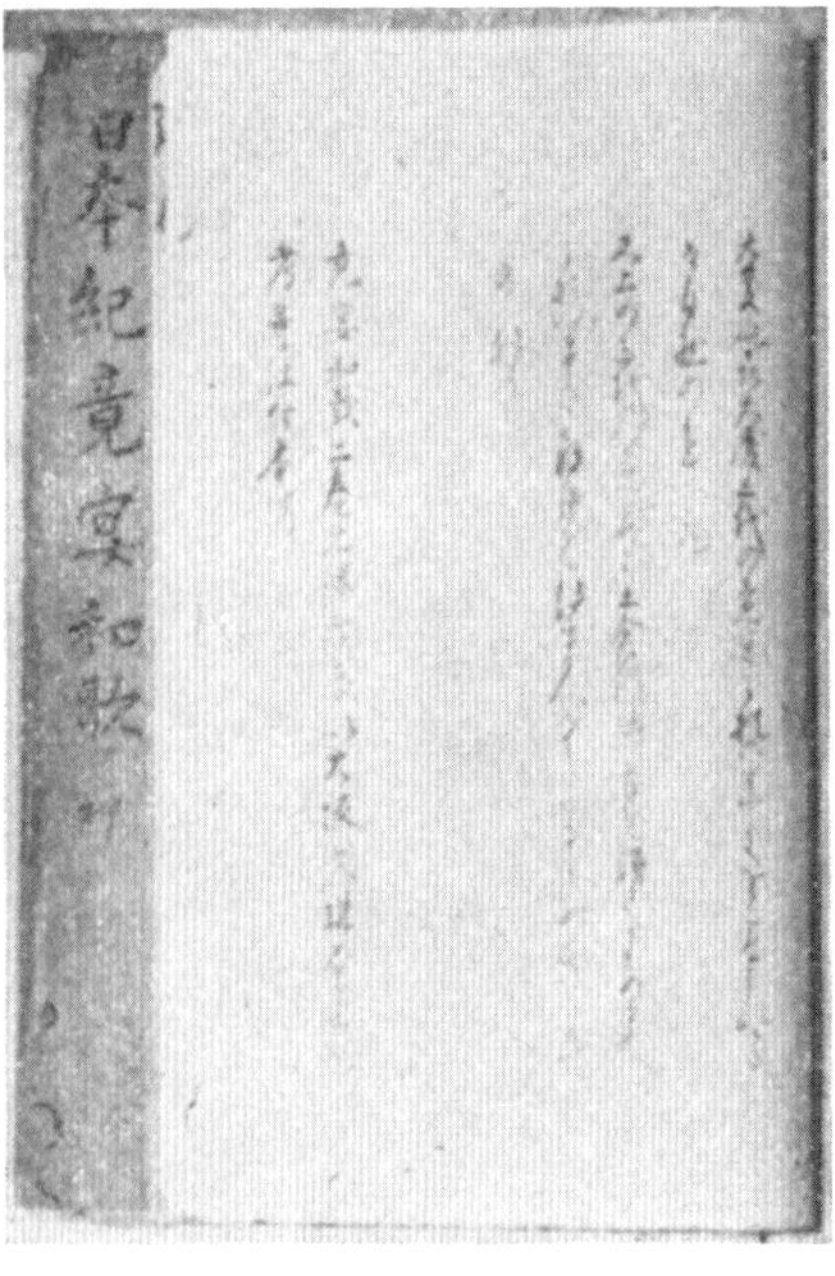

『日本紀竟宴和歌』

『釈万葉集』の序を書く

襍《じゅう》』を記している。また七月には水戸から安藤為章が水戸で編した『釈万葉集』の巻一の稿本を携えて来てこれに序を書いている。しかし身の衰えを感じたのか、夏には吾孫子《あびこ》村の重雄宅に逗留して浴潮している。

そうして十二月六日になると、契沖の恩人でもあった水戸光圀が世を去っている。契沖は光圀のすすめに従って、水戸家に仕えることはしなかったが、『万葉代匠記』を二度も書いており、それ以後も新しい説を得るごとに水戸家に書き送っている。水戸家でもそれにもとづいて万葉集注釈を行なったのであるが、種々の意見の後、『代匠記』とほぼ近いものとなったのが現存する『釈万葉集』である。その巻一が出来たので、それによって序を書いたのであろう。そういうことも光圀の考えであったかも知れぬ。

安藤為章《ためあきら》を使者として京都の清水谷《しみずだに》大納言（実業）に批評を請われ、「誠に古今に双《ならび》なき注釈なり。万葉の伝は水戸家より受けたり」と賞美され、更に契沖に批判

徳川光圀像

をもとめたのである。このころは光圀は病気がちであったが、病も重ったというしらせで為章は八月に水戸に帰った。為章が後に契沖の追悼文を書いたが、その文中に、為章が水戸に帰ろうとした時に契沖は、

旅衣たゝむ今はの悲しきに　さはるばかりの何事もがな

とよみ、また西山《せいざん》公（光圀）のお前に啓してくれといって、

山松は千歳の風になれぬべし　難波の蘆ぞよはさ勝れる

ともよんでいる。光圀は一度契沖を水戸へ召寄せるようにとのことで為章はいく

光圀の死と契沖の悲嘆

たびかすすめた。それを辞したのであるが、光圀に「稀《き》簽丸《れんがん》一器・温石《おんじゃく》壱つ」を贈っていることが伴五百右衛門・安藤為章あての契沖の書面に見える。しかし光圀は終《つい》に十二月六日に世を去っている。契沖の悲しみは切実であった。為章の文の一節にも「此御事をはるかに悲しみ奉りて、今より後おのれを知れらん人のなき世にはながらへてもやくなしなどうめかれ侍《はべ》りしとぞ」とある。そのころ住吉の神木《しんぼく》が風も吹かぬに倒れたのを心に怪んで、

さもこそは西山颪《おろし》吹きはて
め　いかで通ひし住吉の松

ともよんでいる。病中の述懐に、

契沖の墓（大阪市天王寺区，円珠庵）

人よ人あら野を走る狐だに　岡にまくらは定むるものを

とよんでいるのも寂寥《せきりよう》の感がひしひしと感ぜられる。

かくして契沖も年があけると病んで終《つい》に起《た》たなかった。為章の『行実』によると、

元禄十四年正月微恙《びよう》。二十四日徒に告げて曰く、永訣邇《えいけっちか》きに在り、疑ふ所有らば則ち質正《しっせい》せよ。涌泉《ゆうせん》問うて曰く、師今阿字不生《ふしよう》の域に住するや。答へて曰く、然り。凡そ人は当《まさ》に平等にして差別あるべし。泉曰く、平等と差別とは異なる無き乎《か》。曰く、心平等と雖も事に差別有り。差別の中心は当に平等たるべし。老僧の言、之を記せよ。（原文は漢文）

とある。二十四日に弟子に訓《おし》えて、翌二十五日、定印《じょういん》を結んで寂している。まことに契沖らしい死である。

七　契沖の門下

契沖は孤高《ここう》のうちに古典を学んだのであって、必ずしも門下を養うことを求めなかった。しかしその学徳を慕って集った小数の人々を教え導いた。この点が真淵や宣長とも異なる所である。契沖は古き代の先覚としては顕昭《けんしょう》の学問を尚《たっと》び、また、万葉研究においては仙覚《せんがく》を尊重した。同時代においては仏学においては卍《かい》定《じょう》に学び、高野山で快賢を師とした。義剛・微雲軒は友人として見るべく、浄厳には悉曇《しったん》を学んだが、全体としては同学と見るべきである。下河辺長流は若き日より心知る友として断金《だんきん》の交わりを結び、水戸の義公（圀光）に対しては仕えることはしなかったが、その恩誼に感じている。伏屋《ふせや》重賢は和泉万町でその家に客となって四―五年いたが、学問においては契沖を師とするに至った。直接の門下としては今井似閑・海北若冲《じゃくちゅう》・野田忠粛《ただまさ》らを挙げることが出来る。水戸の人々のうちでは安藤為章は契沖について学んだ点もあろう。仏教の弟子としては理元・沙門如海・沙門智瑛らを挙げることが出来る。契真は理元のことをさすであろう。これらのうち直接の門下についてのべておきたい。

今井似閑ははじめは木瀬三之《さんし》や下河辺長流について学び、長流の死後、いくばく年の後に契沖に師事したと見られる。似閑の伝については似閑本『万葉代匠記』に見える似閑の序や、自ら記した「室の早わせ」と「四十賀記」などによって跡づけられる。代々家は京都南郊の六波羅密寺のあたりにあり、飛脚問屋のような家業であり、諸国の大名にも出入していた。父の代までは富んでいたが、似閑の兄太郎が家を嗣いでからおごりにふけり、次第に家運が傾いた。その太郎が失《う》せて子どもも幼なかったから次兄が後を嗣いだがいよいよ衰えて来た。それで似閑が後を引きうけて一意家運の挽回をはかり、再び盛んになって来たので、四十足らずで家を譲り、自分はその附近に世をのがれた生活をし、好む歌文の道に入り、木瀬三之ついで長流に学んだ。隠棲する前からたしなんでいたであろうが、専心歌文の学びに入ったのはそれからであろう。『四十賀記』の終りに、

ことしより老木の桜しかはあれど　われにちとせの陰は惜まじ

という歌を「なにはわたりに契沖といふ法師のもとにきこえたれば、よみておこせたる二首」として、

おいのくる道は霞ぞたちさへん　よのありかずをちる花にみよちりかひくもれを下にもちて也

なには人をりしもしげるあしわかに　いはふもとほしちよのやちよは

とあるが、この場合「契沖といふ法師」とあるのを見ると、正式に師事してはいなかったように見られるのである。あるいはこういうことが機縁になって師事するに至ったのかも知れない。長流に学んだということから契沖の人柄や学問は聞き及んでいたのであろう。それで家を譲って隠居し、四十を迎えたその時から学問に専心しようとして契沖を師と仰いだと見るべきであろう。

似閑の家は父の代から松平大膳大夫殿（毛利家）に金子御用達のために長門に往復しており、似閑も時々往復した。現在契沖の遺書の若干が山口図書館に入っているのは似閑が上《たてまつ》ったためであろう。契沖に師事した年は『代匠記』の似閑の序にも、師事して間もなく似閑の請によって万葉集講義を行なったとあるから元禄九年ごろであろうか。このころ似閑は四十歳に当るのでその点も『四十賀記』の記述とあう。長流の歿したのは貞享三年であるから、似閑が長流についたのも若いころになる。

似閑は衰えた家を回復し得た点から見ても経営の才があり、理財の道にも長じていたであろう。恐らく契沖の晩年に学問を学ぶ一方で、契沖の生活を助けた点もあったと思われる。元禄九年の万葉講義は今井似閑やつぎにいう海北若沖の二人が中心になってなされたが、契沖周囲の人々を勧誘し、人数は少なくても内容は充実していたことはいうまでもない。契沖がこの人をもととして、「これかれがためにに万葉集をおのがあたらしくおもひたることはりのまゝにはた巻にわたりてときをはりぬ」とあるのを見ても、また伏屋重賢に贈った手紙を見ても、契沖の思い得た新しい見解を講じたのであるが、その主催者は似閑であったようである。そうして似閑は、契沖の六十賀をも若冲と力を協せて行なったのである。契沖の晩年に似閑は最もたのみとなる弟子であったであろう。ただ元禄九年ごろに弟子になったとすると契沖の歿するまで約五年ほどの年月に過ぎない。しかし契沖死後、師の業績を伝えるために種々尽力するとともに、自らの『万葉集』研究をも積み重ねていった。

契沖の万葉講義を『万葉集』に似閑が書入れたものが上賀茂神社の文庫に存するが、これは若冲の『万葉集師説』（内閣文庫蔵）とともに契沖講義の内容を知るために重要である。

また似閑は契沖関係の蔵書を山口の方にも収めているが、主要なものは上賀茂神社の文庫に奉納している。同社にある『今井似閑自書奥書付書籍奉納目録』(もとの題、上鴨奉納書目録)には奉納した書目があげてある。それにもとづいて文庫の蔵書を文庫に入って橋本進吉氏と調査したことがあるが、ほぼそのまま存している。もとより文庫へ奉納のことは似閑が享保八年六十七歳で歿してからはことがもつれてすらすらと運ばなかったらしい。似閑の妻の似心《じしん》や今井円純などが容易に寄進しないので文庫掛は樋口宗武を介して督促したが、毛利家にあずけたので手許にないといってしぶっていたが漸く落着したらしい。

これらのことは古く弥富《やとみ》秋村(破魔雄《はまお》)氏「加茂文庫と今井似閑」(『国学院雑誌』)や児玉幸多氏の研究によって知られている。

似閑自らの編著としては『万葉緯《い》』があり、彼の学風をよく示している。この書は万葉の緯《よこいと》として『万葉集』以外の『記紀』『風土記』『続日本紀』『日本後紀』『続日本後紀』・大嘗会悠紀主基歌《だいじょうえゆきすきの》・神楽・催馬楽《さいばら》・風俗歌・『新撰万葉集』・

日本紀竟宴《きょうえん》歌・『真名伊勢物語』『和漢朗詠集』、その他古代の古典の殆んどすべてから歌を集《あつ》めて註を施したり、あるいは歌を輯《あつ》め、あるいは語釈をなし、あるいは事件について摘出する等を行なっている。二十巻あるが、そのうち巻二十は契沖当時の種々の歌を集めている。「応《じ》二人《の》強請《に》一講《ず》二万葉集《を》一、講竟《おわり》述懐《して》贈《れる》歌一首幷短歌二首」もあげてあり、後に「元禄九年九月十八日」の日附けもある。長流・三之や三宅松堅その他の歌もある。このようにやや雑然たる嫌いはあるが、万葉以外の古代歌謡を纂《あつ》めている点に古代歌謡資料としても価値が多い。またこの『万葉緯』に似閑の学風も知られるのである。契沖のような独創力はないが、資料を丹念に集めるという点では契沖の文献学的方法や態度をうけついでいるといえる。

　似閑とならぶ海北若冲《じゃくちゅう》は契沖の早くからの弟子であり、また契沖一人を終生の師として仰いでいる。若冲の書翰の一節に「野生十六－七歳比《ごろ》僧契沖師え参候来、性得不器用、歌学逸好五—六十年不レ怠」とあるによってそのことがわかる。岑柏《しんぱく》と号して浪華《なにわ》の人でそこに住していた。森銑三《せんぞう》氏によると、若沖は善右衛門ともいったとあるが、これについては後にものべる。

また『五畿内志』や『並河文書』によって千之という名であったことがわかる。宝暦元年（一七五一）に七十七歳で歿しているから、十七歳というと元禄四年に当る。十六—七歳というと元禄三—四年になるので契沖が円珠庵に隠棲したころに師事《しじ》して約十年学んだことになる。篤実な人柄で契沖の影響をうけること大きかった。どういう職業に従ったかはっきりしないが、大坂町人であったかも知れない。水戸の彰考館に『若沖蔵書目録』があるが、それには尋常板本の分と校本・写本とにわけて二百二部挙げてある。契沖著書として『万葉代匠記若沖本別六十巻入、一箱ニ入』『同素本契沖改点考正書入』二十冊とあるのは『万葉集師説』とどのような関係にあるか明らかでないが、若沖も元禄九年には契沖の講義をきいて書入れをするともに、それに関して種々整理を加えたのであろう。また『源氏物語契沖頭書』五十四冊とあるが、これは和泉万町の伏屋《ふせや》家に契沖自筆書入の『源氏物語』があったというそれと同一であろうか。先年書肆《しょし》の売立に「契沖自筆書入」とある『源氏物語』五十四冊が出たことがある。

若沖の蔵する契沖関係の書物は天王寺の明静院に蔵せられたことが見えるが、大坂の殿村《とのむら》家に蔵せられていた蔵書はそれぞれの一部ではないかと見られる。若冲の著書としては『万葉集類林』『万葉集作者履歴』『和訓類林』『和訓指掌略』がある。『万葉集類林』は万葉集辞書であり、語をいろは順にわけ、それぞれを釈言・釈人物・釈宮・釈器・釈天・釈地・釈草・釈虫・釈雑の目《もく》にわけて一語一語の解釈を行なっている。『万葉集』の語例をあげ、出典をしらべ慎重に注をのべており、まとまった万葉集辞書のはじめといってよい。たとえば「いとのきて」という語について『万葉集』に見える四例をあげ、「此詞《ことば》未詳」とあるが、つぎに巻五の「いとのきて短きものをはしきると」につき、「隔句対《つい》なれば、益々に対していとどしくなどいふ詞とみゆる也。其外の三ケ所にわたりてたがはず聞ゆる也」と一説をたて、更にいとぬけてと音が通ずるから「いとぬきんでて」という心であるとする一説があることを挙げ「可レ考」とあるのは、「いとのきて」考という一論文とも見えるほど方法態度がはっきりしている。師の契沖の『万葉代匠記』がより所になっているが、若冲なりに新しい組織のもとに万葉語辞典を完成せしめたのである。その他の著書もそれぞれ著実な著であって、契沖のあとを嗣ぐものということが出来る。『万葉集作者履歴』も万葉歌人伝としてすぐれておる。後の鹿持雅澄《かもちまさずみ》の『万葉人物伝』に至って一層完備してくるが、若冲の『作者履歴』も注目される。また『和訓類林』も『万葉集』の訓を集めて整理しており、それぞれにすぐれた著といえるのである。契沖のなくなった元禄十四年には若冲は二十七歳であったから、これらの編著は契沖に死別した後になったのであろう。

奥書もないので年代はわからないが、次第に完成していったと見られる。『万葉集類林』は『下河辺長流全集』の附載としてはじめて刊行されたが、その他の著は刊行されるに至らない。

野田忠粛《ただまさ》も契沖の弟子として認められているが、似閑・若沖のように師事したとは見られない。摂津（兵庫県）武庫《むこ》郡入江に住み、善兵衛と号し、その家から六甲山が望まれるのでその家を六児楼と名づけたという。契沖から松屋善兵衛に送った書簡は橋本進吉氏が『契沖書簡集』に考証されたように、恐らく野田忠粛のことと思われるし、ほかに「野田御氏へ」として送った書簡がある。契沖と書かないで空心とあり、延宝九年以前とも見られる。善右衛門に送った契沖書翰が五通、善左衛門にあてた借用証もあるが、これらも忠粛の近親のものかと察せられるが、善右衛門は若沖と見るがよさそうである。忠粛は享保四年に歿しているが、その編である国立図書館蔵『続後撰類礎』の奥書に正徳六年に六十八歳とあるから、

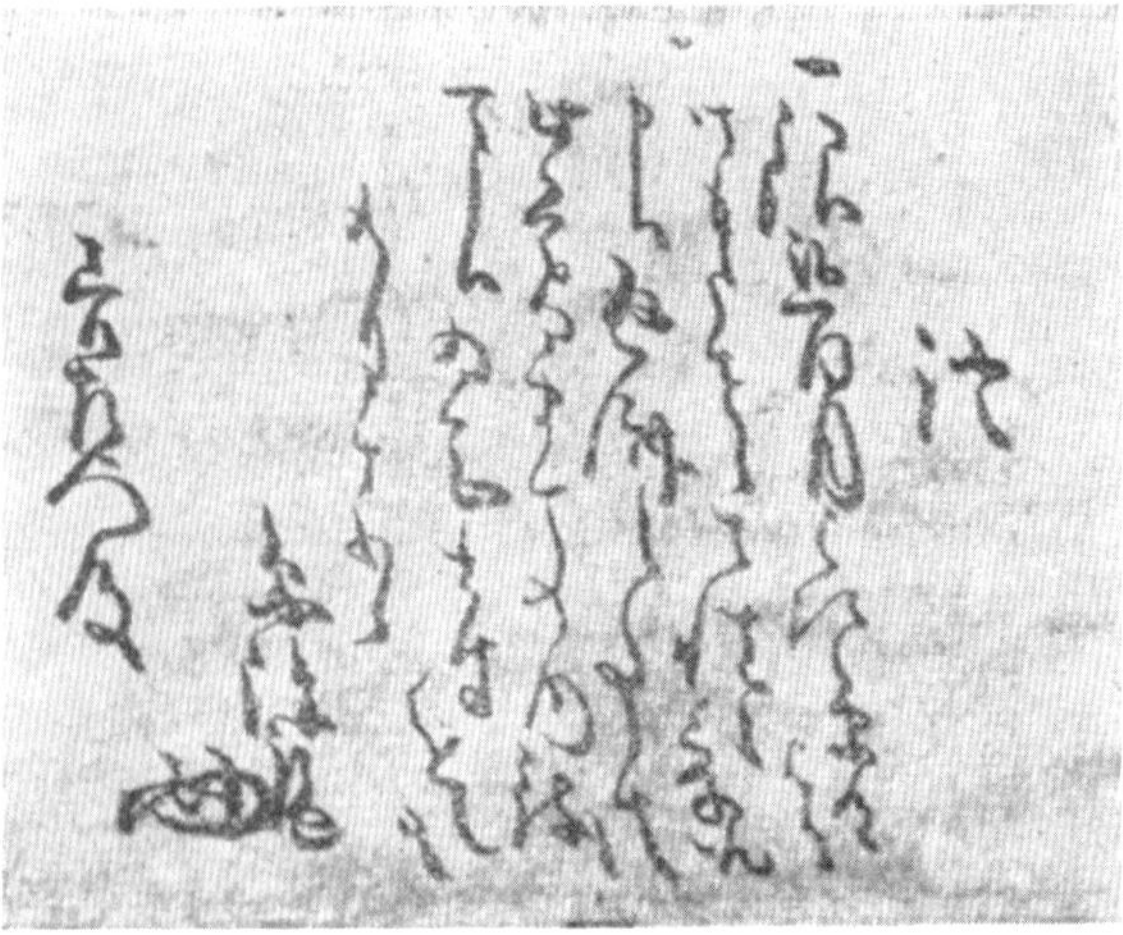

金証文

それによると七十一歳で歿したことになる。これには友人の曲江梅賓の『梅賓詩集』に忠粛の六十一歳の賀《が》筵《えん》を宝永五年七月二十日に開いていることが見え、それによると歿年は七十二歳になる。契沖の歿した元禄十四年には五十三-四歳になる。若冲らと異なってはじめから契沖に師事したのでないのみか、後輩のような関係であったかも知れないが、契沖に私淑《ししゅく》したことは明らかである。堂上にも出入りしており、『万葉集』

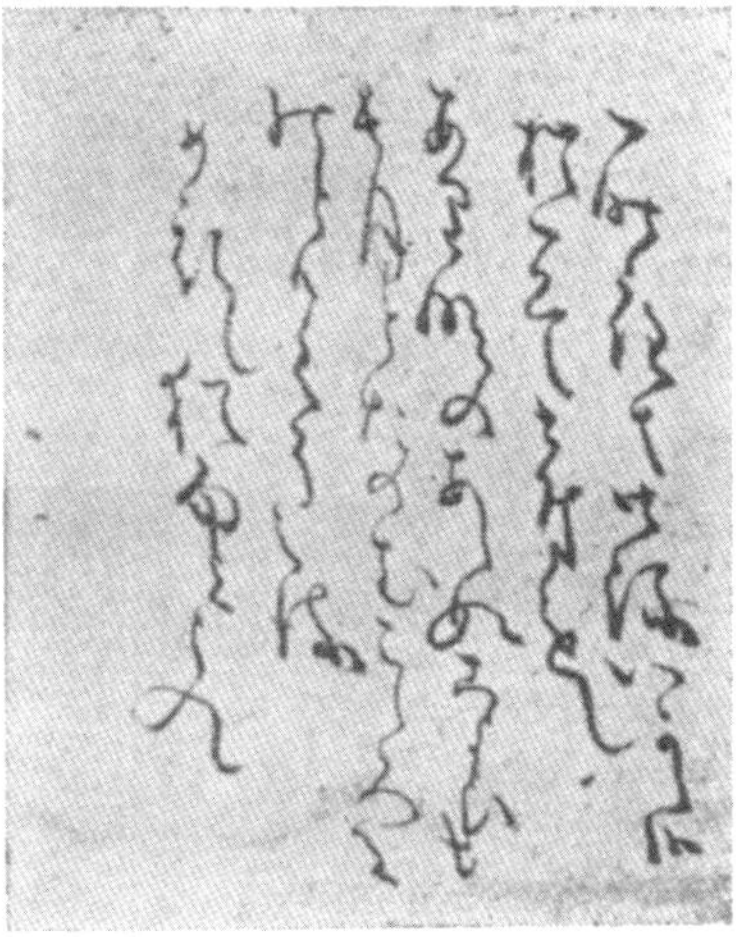

契沖の借

證
一銀貳百目与次兵衛殿より御もたせ候て慥に
受取申候。返済之事は此暮までの内致可申候。
為念書付進候。以上。
九月十五日　　円珠庵（花押）
善左衛門殿
一昨夜は御詠いかゝ候哉。猶一首書付進候。
あり明のあらぬこよひも長月と　たのむこ
ゝろにのとけくそみる
如斯候。猶面上申入候。

はじめ勅撰集の類礎を編している。そのうち『万葉集類句』十二冊は元禄十一年に成っているから、契沖生前に成っている。『古今五句類礎』『後撰類礎』『拾遺類礎』『新古今類礎』『新勅撰類礎』続後撰類礎はいずれも一句から五句までの五句索引ともいうべく、契沖の学風をうけた着実な研究である。『新勅撰類礎』は宝永二年九月十八日に成り、『新古今類礎』は正徳五年十月二十五日に完成し、『続後撰類礎』は正徳六年三月二日に完成している。ただ一方に忠粛には相伝があり、竹内惟庸から受けたものであるが、こういう所には中世堂上派の風も見えるのである。書簡によると為家懐紙を忠粛から借りているが、そういう墨蹟なども有していたのであろう。

元禄九年の万葉講義のあとの竟宴によんだ「秋日同詠紅葉交《まじわる》レ松《に》和歌」では沙門契沖・沙門如海・沙門智瑛・岑柏・守柔軒・忠粛・直房・保道・似閑の順序で歌があげてあるが、同日の「当座披書知古」では忠粛だけがぬけている。用事で退席したのか、あるいはその日欠席して「紅葉交松和歌」だけ寄せたのであろうか。このうち、守柔軒《しゆじゆうけん》とは契沖に「守柔軒説」という漢文で書いた短文があるが、それによると「医生田氏《でんし》」とあり、その書斎を守柔軒と契沖が名づけたとある。

八　契沖の書翰

契沖の書翰は『契沖全集』第八巻に書翰集として四十二通集められている。橋本進吉氏の編纂で一々精細な解説が添えられている。更に全集第九巻に補遺として三通収められ、同じく解説が加えられている。四十五通の書翰が全集に収められたのであるが、このほかにも書簡は存在する。かつて「契沖の書翰について」という一文を書いてその一通を紹介した。（『上代民族文学とその学史』所収）それは新潟の酒井千尋《ちひろ》氏蔵の自筆書簡で、善右様あてになっている。このたび東北大学附属図書館蔵の契沖自筆書簡一通を紹介することを得た。ここには『契沖全集』の契沖書翰集補遺として右の二通の本文をあげておきたい。

一

江戸に居申候拙僧弟より加様申越候。宗瞻に逢候は四月末と見え申候。弥五左衛門より先月越候状去る二日宗瞻西山《せいざん》へ発足と申来候。儒者皆御呼寄、宗瞻も被レ召候は万葉の集抄出出来《しゅったい》前にやと存候。

春の歌

人もみぬおく山桜さてちらば

をしまれぬだに誰か惜まん

是は花の上を詠《よみ》候へ共、若此抄之事に付詠候哉《や》と御聞とがめ候哉、はやめ薬とやらんほどきゝ申候哉と存候。以上。

契沖

即時

善右様

この書翰は契沖が善右衛門に与えたものであって日附はない。善右衛門に与えた書状は『契沖書簡集』所収のものに五通あるが、いずれも年月未詳である。これを加えると六通になる。この善右衛門については書簡集解説には松屋善兵衛すなわち野田忠粛の家内のものかと推測しているが、森銑三氏の獲《え》られた資料によると、善右衛門は海北若冲であるとのことである。水戸の板垣宗膽のことも書簡中に見えるが、若冲の『蔵書目録』は水戸家に蔵せられており、宗膽と善右衛門とは関係が深いようである。もっとも妙法寺に契沖がいたころ、板垣宗膽からの書簡を善兵衛に送った契沖の書簡もあって忠粛との関係もあるようであるが、善右衛門あての六通の書簡は若冲にあてたと見た方がふさわしい。

この書簡の年代は未詳であるが、「万葉の集抄出来前にや」とある点が『釈万葉集』のことをさしているようであるから、『釈万葉集』の一部成立した元禄十三年より前であろう。更に板垣宗膽のことがあり、宗膽生前の書簡であるが、宗膽は元禄十一年に歿しているから十一年もしくはそれ以前であることになる。そうして全体の内容から推して『万葉代匠記』の成立した以後のようであるから元禄三年以後であろう。すなわち元禄四年から元禄十一年ごろではなかろうかと思われる。そうして春の歌があり、「四月末」云々《うんぬん》の詞から推して五月ごろではなかろうか。

この書簡の内容は相当に豊富である。拙僧弟とあるは契沖の弟であるが、契沖の兄弟は八人あり、第二子と第六子は歿して元禄年間まで永らえたのは六人である。その中一人は岡田茂左衛門の母である。他の五人のうち、如水（元禄十一年十一月二十五日死）・快旭（享

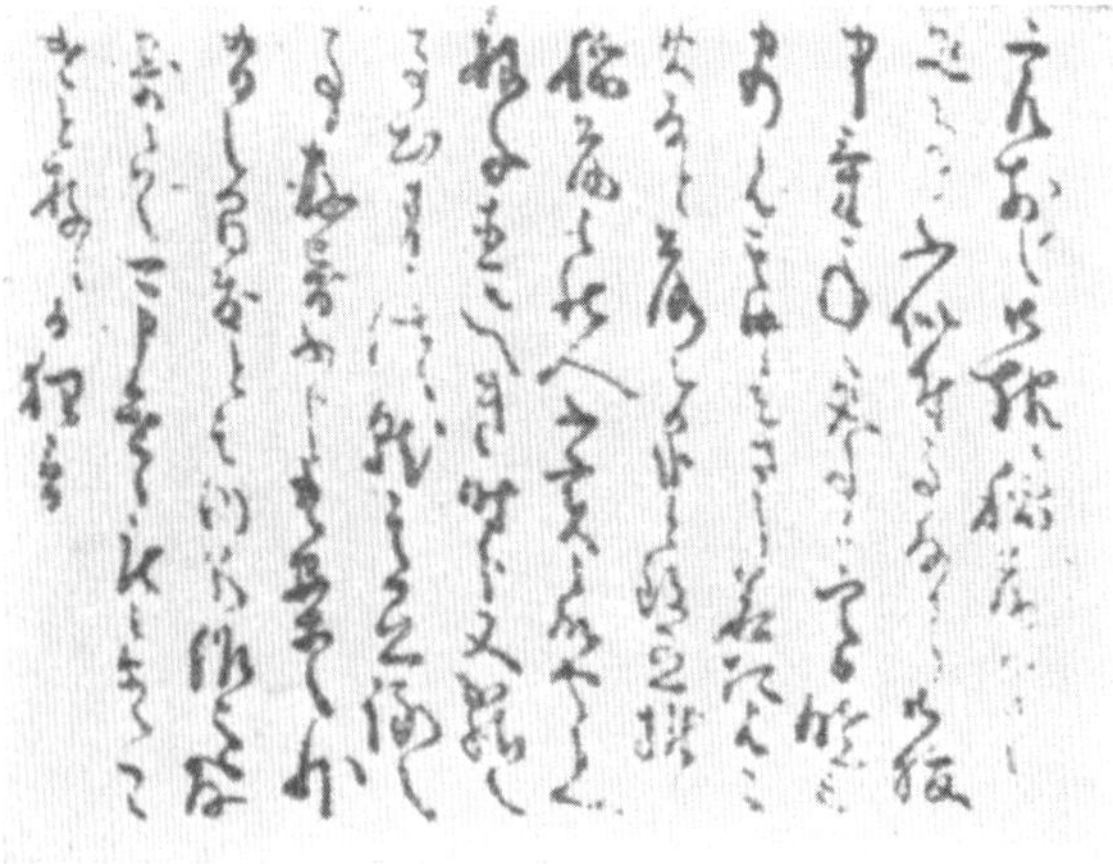

□衛門様あて）

保二十年三月八日死）・多羅尾平蔵光風（宝永八年四月八日死）、一人は伊勢（三重県）の亀山にいたらしい。ここにいう弟は江戸にいたのであり、かつ武士らしいから光風でもあろうか。弥五左衛門というのは史録編修として水戸の粛公に仕えた松浦守約の父であって、はじめ松平直矩《なおのり》に仕えていたが、のち辞して守約のもとに隠居していた。あるいはその後水戸家に仕えていたかも知れない。

この書簡の全体の内容は『釈万葉集』

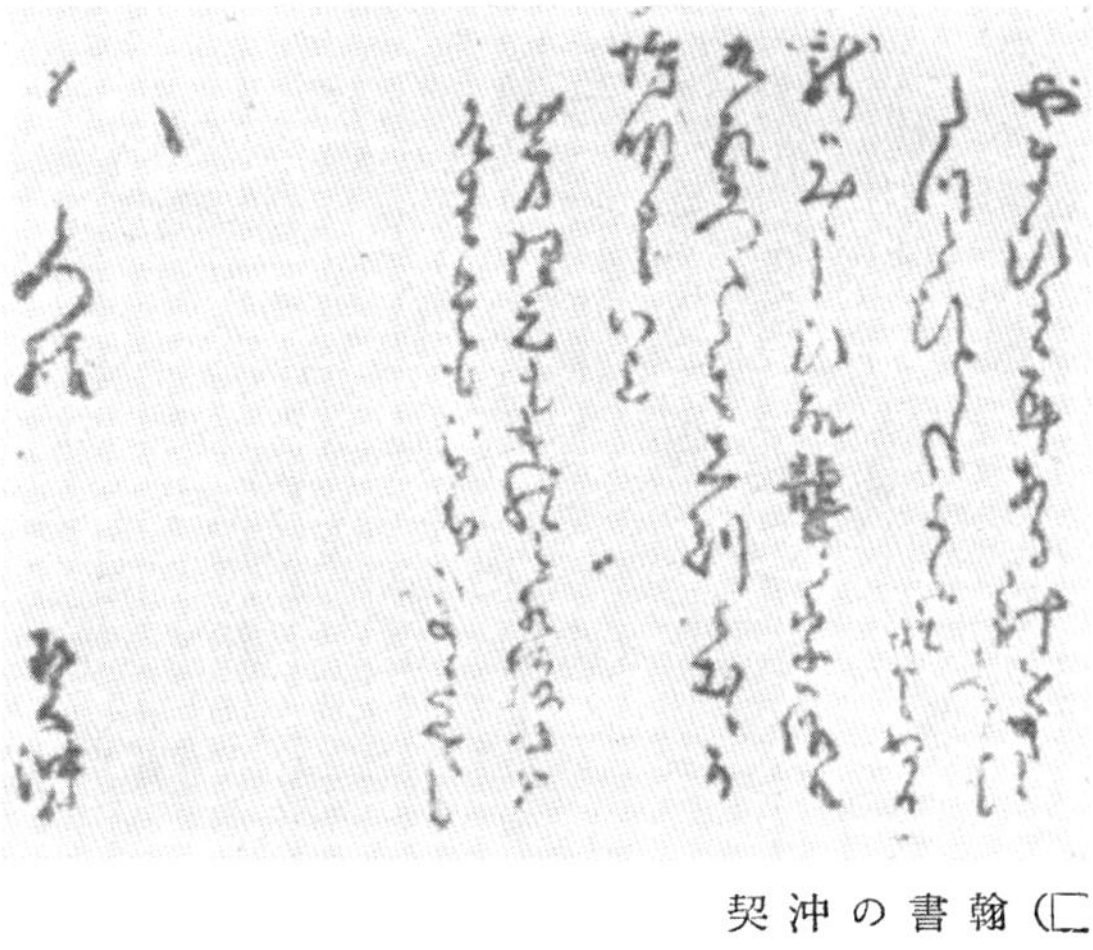

契沖の書翰（二）

の編纂の打合せ会でもしたのであろうが、終りの「はやめ薬」云々とあるのは、水戸家の『釈万葉集』編纂に対する速成的な方法に対する多少の不満の情を表わしたものでもあろうか。光圀に対しては心から推服したことはいうまでもないが、水戸家には契沖を信頼した安藤為章や板垣宗瞻に対して契沖説を不満とする伴暢らもいたのであり、契沖もそれらに対して多少の不満はあったであろう。

二

最前之御報ニ稲荷□處事不似付事ながら、御腹中気承候處事ハ、定而暁迄客候て其中そさう、若たはこ火など落シ候哉と致愚推候。稲荷之社人不実之故やらん、様子直ルべき時分又か様之事出来仕候。就其愚詠之事存寄不申候。貴案之外有之間敷と、其内若作意存寄候ハヽ、可申進候。庄兵衛へ可遣と存候而狂哥。

やまひにハ耳ある針をさゝねども　たつとひとしくよくぞきゝぬる

龍ハみゝしひ故聾ノ字ハ作候。九左衛門へ之□、先刻被出候而埒明申候。以上。

此方理元も貴札と相腹中ニ候。乍去是も到分之事と見え申候。

契沖

□衛門様

この書簡も宛名が上の方が消えてわからないが、「衛門様」とよまれるから善右衛門に送った書簡とも見られる。そうするとこの書簡も若沖に送ったことになる。年月は未詳であるが、後の添書に理元とあるのは円珠庵のころ契沖の側に侍し、のち契沖の後を嗣いだ契真であるから、円珠庵に在住したころであろう。九左衛門とあるのは明らかでない。

内容は善右衛門から来た書簡にあった歌に対する批評である。終りにある狂歌は契沖の好んでよんだ狂歌の一つである。聾《ろう》の字の意をのべておる点で興味深いが、伝記資料としては格別のこともない。

これで四十七通になったが、このほかにも存する。かつて大阪朝日新聞の講堂で契沖の二百五十年の記念講演会があって私も話すことになって出席したが、その時に和泉の万町の伏屋氏の子孫の某氏が大阪に住んでいられて、契沖書簡一通を持参された。私も一覧したが、書きとめることをしなかったので、以上あげた四十七通以外かどうか確めることが出来ないが、多分それ以外ではなかったかと思う。守随《しゅずい》憲治氏も一通蔵せられている。そうすると四十九通になる。このほかにもまだ存するであろう。

略系図

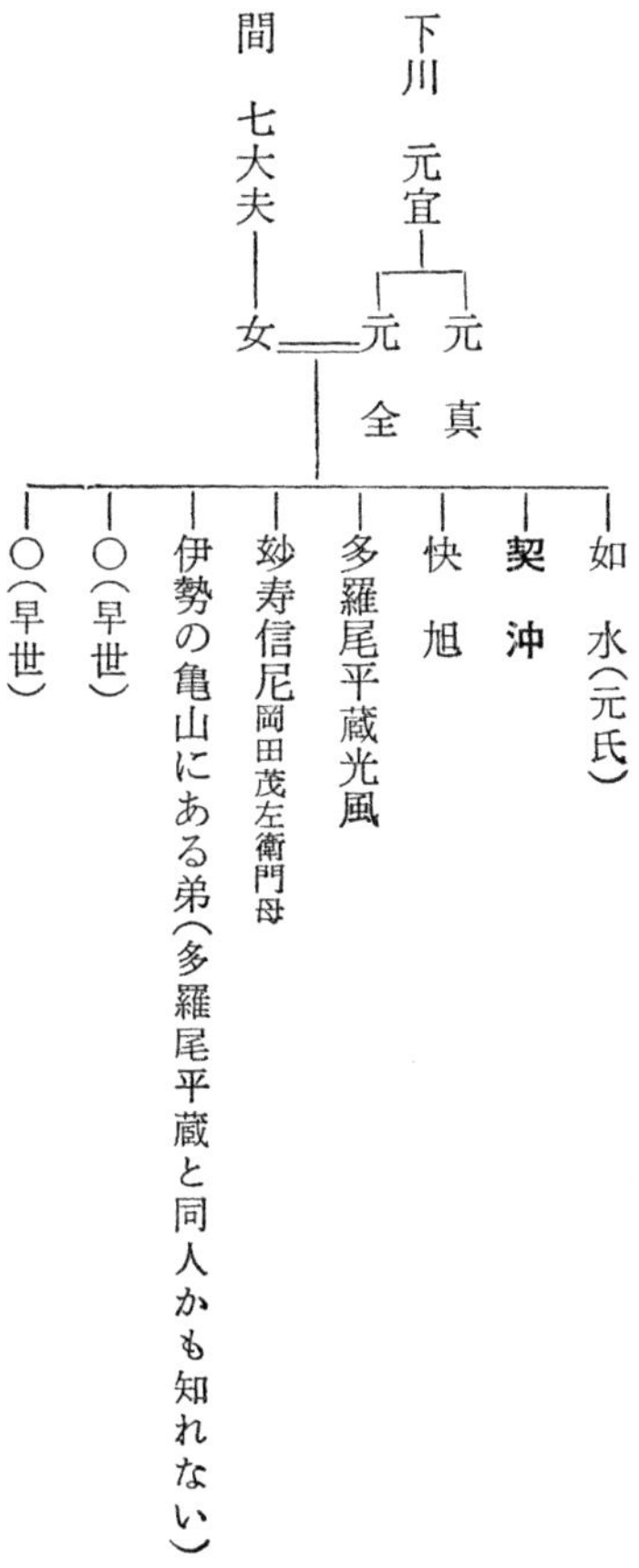
下川　元宜
元真
元全
間　七大夫
女
如　水（元氏）
契　沖
快　旭
多羅尾平蔵光風
妙寿信尼
岡田茂左衛門母
伊勢の亀山にある弟（多羅尾平蔵と同人かも知れない）
○（早世）
○（早世）

略年譜

年次	西暦	年齢	事蹟	参考事項
慶長一六	一六一一			加藤清正卒す
寛永九	一六三二			五月、加藤忠広改易となる
一七	一六四〇	一	尼ヶ崎に生る	一〇月九日、三条西実条没（六六歳）
正保元	一六四四	五	母より歌を学ぶ	
三	一六四六	七	大病に罹る	
慶安元	一六四八	九		中江藤樹没（四一歳）○木下長嘯没（一説二年）
三	一六五〇	一一	出家して妙法寺に入り、手定を師とす	五月、徳川義直没（五一歳）
承応元	一六五二	一三	薙髪して高野山に入り、快賢に就く（?）	二月一五日、松永貞徳没（八三歳）
明暦二	一六五六	一七	始めて和歌を詠ず	徳川頼房没（五九歳）
寛文二	一六六二	二三	大阪生玉の曼陀羅院の住職となる	松平信綱没（六七歳）
三	一六六三	二四	阿闍梨位を受く	野中兼山没（四九歳）
四	一六六四	二五	九月一一日、父元全五五歳にて死す	鵜飼石斎没（四九歳）

六	一六六六	二七	このころ、曼陀羅院を去り、長谷に至り、室生寺に詣で、高野に上り、快円に菩薩戒を受く	一月、松江宗安没(八一歳)○一〇月、山鹿素行を赤穂に配す
八	一六六八	二九	このころ、述懐の歌「わが身よにみそぢもちかのしほがまに煙ばかりもたつこともなし」をよむ	二月、江戸大火○四月、足利学校造営成る○深草元政没(四六歳)
九	一六六九	三〇	このころ、和泉国泉北郡久井村に至る	荷田春満生る○野々口立圃没（七一歳）
延宝二	一六七四	三五	このころ、和泉国泉北郡池田村万町の伏屋長左衛門宅に移る	八月一一日、加藤盤斎没(五四歳)○西山宗因、同月、伏屋家に紀州旅の途中一泊す○狩野探幽(七三歳)・二代中村勘三郎(一八歳)没
三	一六七五	三六		『源氏物語湖月抄』(季吟)刊
四	一六七六	三七	延宝三年八月一二日に浄厳が伝授し校了した『陀羅尼奥書』を同四年五月二九日、栂尾本をもって再校了○八月、『正字類音集覧』成る(奥書による)	
五	一六七七	三八	一一月より一二月にかけて河内国小西見村（鬼住村に同じ)に寓居す(儀軌奥書による)。『儀軌』の書写を行う	
六	一六七八	三九	四月一二日、泉州池田谷で『文殊問経字母品第十四』を写し了る○同月一〇日ころより摂州住吉郡我孫子村	

	七	一六七九	四〇	権右衛門屋敷内の庵室を借り、移って霜月まで彼所に滞在する(妙法寺記)○五月三日、我孫子村で『孔雀明王画像壇場儀軌』を書写し了る 妙法寺住職となる	一〇月、飛鳥井雅章没(六九歳)
	八	一六八〇	四一	師手定寂す○九月六日『宝篋印陀羅尼経』を校了す	二月二八日、林鵞峯没(六三歳)
	九	一六八一	四二	『契沖延宝集』四月一八日に成る	三月一五日、望月長好没(六三歳) ○那波木庵没(七〇歳)
天和	三	一六八三	四四	『万葉代匠記初稿本』をこのころ起稿す 九月七日、『妙法寺記』成る(奥書による)	
貞享	元	一六八四	四五	三月、『源偶篇』成る(奥書)○五月一二日、『正語仮字篇』成る(奥書)	芭蕉、野晒紀行の旅に出る○二月、大阪竹本義太夫座創設
	二	一六八五	四六	八月、栄海僧正による『釈教三六人歌仙集』を書写す	山鹿素行没(六四歳)
	三	一六八六	四七	三月、『詞草正採抄』成る○このころ、『万葉代匠記初稿本』成稿す○六月二五日、姉におくれた人に送る長歌をよむ(好古雑誌第九号)	下河辺長流没(六二歳もしくは六三歳)
	四	一六八七	四八		秋、芭蕉、鹿島に遊び、冬、笈の小文の旅に出る
元禄	元	一六八八	四九	『万葉代匠記初稿本』自序(安藤為章の『年山紀聞』に「按、この序文元禄初年頃の作と覚えたり」とある)	秋、芭蕉、さらしな紀行の旅

二	一六八九	五〇	四月一九日、『万葉集校本』(二〇巻)成る	一二月、北村季吟・湖春父子、幕府に召さる(歌学所出仕)○芭蕉、奥の細道の旅
三	一六九〇	五一	一月、母没す○このころ、妙法寺を如海に譲り円珠庵に隠棲す○『万葉代匠記精撰本』を成稿す○『万葉代匠記精撰本』自序この年に成る○『源氏交撰和歌集』二巻を編す	一月一八日、度会延佳没(七六歳)○夏秋、芭蕉幻住庵にすむ○七月、聖堂を湯島に移す
四	一六九一	五二	正月二一日、『十三代集略』を写し了る(奥書)○三月、『和字正韻』成る(奥書)○四月、『古今和歌六帖』成る○六月より八月にかけて『古今余材抄』の稿本を校す(水戸徳川家に自筆本あり。奥書はない)○八月、『厚顔抄』成り序を記す	一月一日、浅井了意没(八〇歳?)○夏、芭蕉、落柿舎に滞在(嵯峨日記)○八月一七日、熊沢蕃山没(七三歳)○湯島の聖堂成る○水戸徳川家蔵の下河辺長流の『百人一首三奥抄』には契沖の首書がある
五	一六九二	五三	三月、『勝地吐懐篇』を草す○同月、『日本後紀』を一校し了る○五月、『百人一首改観抄』成る○『日本後紀』校本写本十冊(自筆校本十冊徳川家蔵)。写本、京都上賀茂文庫蔵	八月、『古今余材抄』を兄如水浄書す○九月、『勢語臆断』を兄如水浄書す
六	一六九三	五四	『和字正濫鈔』成り、二月序を記す	八月一〇日、井原西鶴没(五二歳)

元禄 八	一六九五	五六	『和字正濫鈔刊本』成る○『河社』このころ成る	二月、江戸大火
九	一六九六	五七	四月、『蜻蛉日記校本』成る○五月より、似閑・若冲らのために万葉集講義を円珠庵に開き、九月終る○七月一九日、『源注拾遺』成る○九月、『勝地吐懐篇三巻本』成る○『拾遺集考要』もこのころ成るか○『首書新撰菅家万葉集』刊行さる○『源氏物語五十四帖』（契沖自筆書入・伏屋家旧蔵）はこのころ成るか	
一〇	一六九七	五八	四月一九日、『類字名所補翼抄』成る○八月、『和字正濫通妨抄』成る○同月、『後拾遺集難評』成る○九月、『都氏文集』を写す○一二月、『延喜式取要』成る○同月、『延喜式密門宝鍵』成る	賀茂真淵生る○一月一五日、北村湖春没（五〇歳）○三月七日、狩野永納没（六七歳）○一〇月、江戸大火
一一	一六九八	五九	二月、『続日本紀要略』を抄す○三月二二日、松下見林の本を以て『凌雲集』を校了す○四月一七日、『経国集残篇』写本（京都上賀茂神社文庫蔵）を写し了る○五月八日、『和字正濫要略』写本（京都上賀茂神社文庫蔵）を述作○六月四日、『清輔朝臣家集』を書写す○八月一七日、『日本後紀要略』を写し了る○九月五日、『三代実録要略』を書写す○同月、『応需雑記』を写す○一一月一七日、『類字名所外集』を抄し了る○同月二五	八月一〇日、捨女没（六五歳）○一二月二三日、木下順庵没（七八歳）○板垣宗膽没（六一歳）

			日、兄元氏死す(六二歳)	
一二	一六九九	六〇	『十六夜日記木活本』に自筆で書入れる(奥書なく成立年代未詳)○『更級日記写本』に自筆で書き入れる(奥書なく、成立年代未詳)○『新撰万葉集刊本』(水戸徳川家蔵)に契沖の自筆付箋がある○『曽丹集』写本(水戸徳川家蔵)に自筆書入れがある○『十八代集要略』写本(水戸徳川家蔵)に契沖自筆書入れがある○九月三日、『日本霊異記』を書写す。なお、自筆の『日本霊異記断簡』が古書目録に見える	北村季吟法印となる○六月一六日、河村瑞軒没(八三歳)
一三	一七〇〇	六一	二月、『日本紀竟宴和歌』の鎌倉中書王真跡本を熊本本妙寺より発見して臨模す○『諢女名襍』を記す○円珠庵における万葉集講義およびそれに関する事柄を終る○夏、吾孫子村の重雄宅に逗留し浴潮す○九月一〇日、万葉集竟宴を若冲主となって円珠庵に行う。竟宴和歌を作る○更に一〇月一八日、似閑を主として竟宴と契沖六十賀とをかね行う。紅葉交松和歌をよむ○水戸より安藤為章『釈万葉集巻一』の稿本を携え来り、七月、契沖跋を書く	一二月六日、徳川光圀没(七三歳)
一四	一七〇一	六二	正月二五日、寂す	高瀬梅盛没(八九歳?)○四月、参

元禄一五	一七〇二		正月、契沖の墓碑を円珠庵に立つ○同月、水戸安藤為章邸に契沖追悼会を催す	勤交代を簡略にする
宝永元	一七〇四			秋、『万葉代匠記初稿本』の書写を洛東隠士見牛はじめる
二	一七〇五		五月、『袋草子書入本四冊』洛東隠士比校し了る	三月一二日、伊東仁斎没(七九歳)○六月一五日、北村季吟没す○近松門左衛門、このころより竹本座の専属作者となる
三	一七〇六			四月一四日、戸田茂睡没す
四	一七〇七			『竹取物語書入本』を洛東隠士、ある古本を以て一校し了る
正徳元	一七一一			一月四日、北条団水没(四九歳)○四月八日、契沖弟多羅尾平蔵光風死す
享保元	一七一六			一〇月一二日、安藤為章没す○尾形光琳没(五九歳)
四	一七一九			九月六日、野田忠粛没（七一歳、

			『続後撰類礎』による。七二歳、『梅賓詩集』による)○契沖妹岡田茂左門母没す
六	一七二一		今井似閑、契沖遺書を上賀茂神社に献納す(今井似閑自書奥書付書籍奉納目録による)
八	一七二三		一〇月四日、今井似閑没(六七歳)
一一	一七二六		このころ、契沖遺書上賀茂神社に献納のことを完了す(書籍奉納目録張紙による)○四月二〇日、度会園女没(六三歳)
二〇	一七三五		三月八日、契沖弟快旭阿闍梨寂す(八五歳)
元文元	一七三六		六月、江島其磧没(七〇歳)○七月二日、荷田春満没(六八歳)○七月一七日、伊藤東涯没(六七歳)
宝暦元	一七五七		海北若沖没(七七歳)

主要参考文献

大町桂月著『契沖阿闍梨』（国文学大綱巻一）　明治三〇年　博文館
久松潜一著『契沖伝』（契沖全集第九巻伝記及伝記資料）　昭和二年　朝日新聞社
新村出・武田祐吉・久松潜一・佐佐木信綱・橋本進吉共編『契沖全集』（全一一巻）　大正一五～昭和二年　朝日新聞社
佐佐木信綱著『和歌史の研究』　大正四年　大日本学術協会
岩橋小弥太著『京畿社寺考』　大正五年　雄山閣
野村八良著『国文学研究史』　大正一五年　原書店
稲津廷一著『契沖』　昭和一八年　晴南社

この外に、宇田川文海著『契沖阿闍梨』（少年文学第三二編）は、明治二十七年に出た契沖伝として小冊子ながら注目される。氏には『阿闍梨契沖』（喜寿記念）もある。羽倉信一郎氏にも『妙法寺の栞』の小冊子がある。その他、芳賀矢一博士の『国学史概論』をはじめ、国学史に関する著書や国語学史に関する著書には契沖のことが扱われている。

また契沖に関する諸論文も多く発表されているが、つぎに『契沖伝』以後に発表された諸論文のうちから若干を挙げておく。

『契沖伝』以後に発表された主要論文

弥富破摩雄「契　沖　と　熊　本」（快旭阿闍梨墓碑保存記念）昭和四年五月
久松　潜一「契沖の書翰に就て」（上代民族文学とその学史所収）昭和九年七月
三宅　　清「詞草正持抄は果して契沖の著か」（国語と国文学）昭和一一年七月
児玉　幸多「賀　茂　清　茂　伝」（歴史地理）昭和一二年一二月
児玉　幸多「京都上賀茂の三手文庫に就いて」（上・下）（史蹟名勝天然記念物）昭和一八年二・三月
佐伯　良謙「契沖阿闍梨遺文の発見」（夢殿論誌）昭和一九年三月
羽倉　敬尚「契沖阿闍梨の二百五十年忌に当って」（大阪辨第五輯）昭和二五年五月
高林　誠一「快円和尚と神鳳寺の再興」（堺文化第一輯）昭和二五年八月
久曾神　昇「契沖自筆源氏交撰和歌集の出現」（愛知大学文学会論叢第四輯）昭和二六年一二月
久松　潜一「契沖に関する考察」（芸文研究、西脇順三郎先生記念論文集）昭和三八年一月

簗瀬　一雄「漫吟集伝本考―拾貝和歌集について―」（国文学研究第三六号）　昭和四二年十月
簗瀬　一雄「漫吟集伝本考―龍公美筆写本について―」（国文学研究第三八号）　昭和四三年九月

挿図略解

本書にかかげた挿図は『契沖全集』に挙げたものもあるが、新しく撮影したものも少なくない。曼陀羅院の跡という持明院は犬養孝氏が特に撮影されたもの、室生寺や室生寺背景も同様である。円珠庵記念館は戦災で円珠庵が焼けたのを、大阪の平林治徳氏らが中心になって資金を集め建設された。高木市之助氏が表札を書かれている。『新撰万葉集』や『日本後紀』は新しく彰考館に参って青木生子氏・辻　英子氏に撮影してもらった。契沖の肖像は数種あるが義剛賛のある肖像が最も真に近い。口絵には義剛賛の部分を掲げた。また円珠庵蔵とあるのは現在は大阪府立図書館に蔵せられている。

著者略歴

明治二十七年生れ
大正八年東京帝国大学文学部国文学科卒業
東京大学教授、日本学士院会員等を歴任、文化功労者、文学博士
昭和五十一年没

主要著書
久松潜一著作集（全十三冊）　日本文学評論史　契沖伝　近世和歌史　万葉集の新研究　万葉秀歌

人物叢書　新装版

契沖

昭和三十八年八月二十九日　第一版第一刷発行
平成元年八月一日　新装版第一刷発行
平成十年二月十日　新装版第二刷発行

著者　久《ひさ》松《まつ》潜《せん》一《いち》
編集者　日本歴史学会
代表者　児玉幸多
発行者　吉川圭三
発行所　株式会社　吉川弘文館
東京都文京区本郷七丁目二番八号
郵便番号一一三—〇〇三三
電話〇三—三八一三—九一五一〈代表〉
振替口座〇〇一〇〇—五—二四四
印刷＝平文社　製本＝ナショナル製本

『人物叢書』(新装版)刊行のことば

人物叢書は、個人が埋没された歴史書が盛行した時代に、「歴史を動かすものは人間である。個人の伝記が明らかにされないで、歴史の叙述は完全であり得ない」という信念のもとに、専門学者に執筆を依頼し、日本歴史学会が編集し、吉川弘文館が刊行した一大伝記集である。

幸いに読書界の支持を得て、百冊刊行の折には菊池寛賞を授けられる栄誉に浴した。

しかし発行以来すでに四半世紀を経過し、長期品切れ本が増加し、読書界の要望にそい得ない状態にもなったので、この際既刊本の体裁を一新して再編成し、定期的に配本できるような方策をとることにした。既刊本は一八四冊であるが、まだ未刊である重要人物の伝記についても鋭意刊行を進める方針であり、その体裁も新形式をとることとした。

こうして刊行当初の精神に思いを致し、人物叢書を蘇らせようとするのが、今回の企図である。大方のご支援を得ることができれば幸せである。

昭和六十年五月

日本歴史学会

代表者 坂本太郎

〈オンデマンド版〉
契　沖

人物叢書　新装版

2021年（令和3）10月1日　発行

著　者　久《ひさ》松《まつ》潜《せん》一《いち》

編集者　日本歴史学会
代表者　藤田　覚

発行者　吉川道郎

発行所　株式会社　吉川弘文館
〒113-0033　東京都文京区本郷7丁目2番8号
TEL　03-3813-9151〈代表〉
URL　http://www.yoshikawa-k.co.jp/

印刷・製本　大日本印刷株式会社

久松潜一（1894～1976）

ISBN978-4-642-75167-4